はじめに　本書について

本書は、1985年のデビューから現在に至るまで、35年間にわたる渡辺美里の軌跡を一冊にまとめたものである。

アルバム『eyes』やシングル『My Revolution』など具体例を挙げるまでもなく、渡辺美里が日本のポップミュージックに与えたインパクトは極めて大きい。しかし、彼女の活動を整理し、系統立て、その業績や意義、後世への影響について検討した書籍は、実はそれほど多くなかった。

なぜか？　理由はいくつかある。活動が多岐にわたること、35年間と長期に及ぶこと、ロックやポップス、ジャズ、シティポップ、アイドルなど、カテゴライズすることが不可能なほどジャンル横断的であること。ありていに言えば、彼女の活動をまとめるのは非常に困難な仕事なのだ。他者によって簡単にまとめられることを拒否するかのごとく、渡辺美里はこの35年間、音楽の世界を自由に軽やかに泳いできた。

代表曲のひとつ『10 years』において、彼女は次のように歌っている。

「振り向かない　急がない　立ち止まらない」

これはまさに渡辺美里のスタンスを象徴する一節と言えるだろう。

だが、あえて今、デビュー35周年という節目で立ちどまり、現在という地点から振りむくことによって、彼女がこれまで歩んできた道のりを俯瞰してみたい。すると誰もが気づくはずだ、渡辺美里の35年間が、目もあやなほどのまばゆい輝きで満ちていることに。

本書は、そうした輝きをひとつにまとめ、意味付けし、改めて位置付けようと試みたものである。言い換えればこの本は、渡辺美里の35年間で星座を描くことを目的としてつくられた。

では、それはどのような星座なのだろうか。もちろん、夜空に無数の星座があるように、渡辺美里の音楽に慣れ親しんだ人それぞれのココロにそれぞれ異なる星座が描けるだろう。本書では、「革命の星座」という言葉を副題に添えた。なぜなら、日本のポップミュージックの革命、女性ソロアーティストとしての革命、あるいはスタジアムアーティストとして、アルバムアーティストとして、音楽の世界でさまざまな革命を起こしてきたのが渡辺美里というアーティストだからだ。そしてこの35年間、自分自身の革命を絶え間なく続けてきたアーティストだからだ。具体的にどのような革命だったのかは、次ページから続く本文と豊かな資料が示している。

なお本文は、2020年2月から3月にかけて複数回行われた本人へのインタビューをもとに構成されたものである。35周年を経てさらに前進しようとする渡辺美里の生の声を感じていただければ幸いである。

編集部

ココロ銀河
～革命の星座～

Misato Watanabe
35th Anniversary Book

Contents

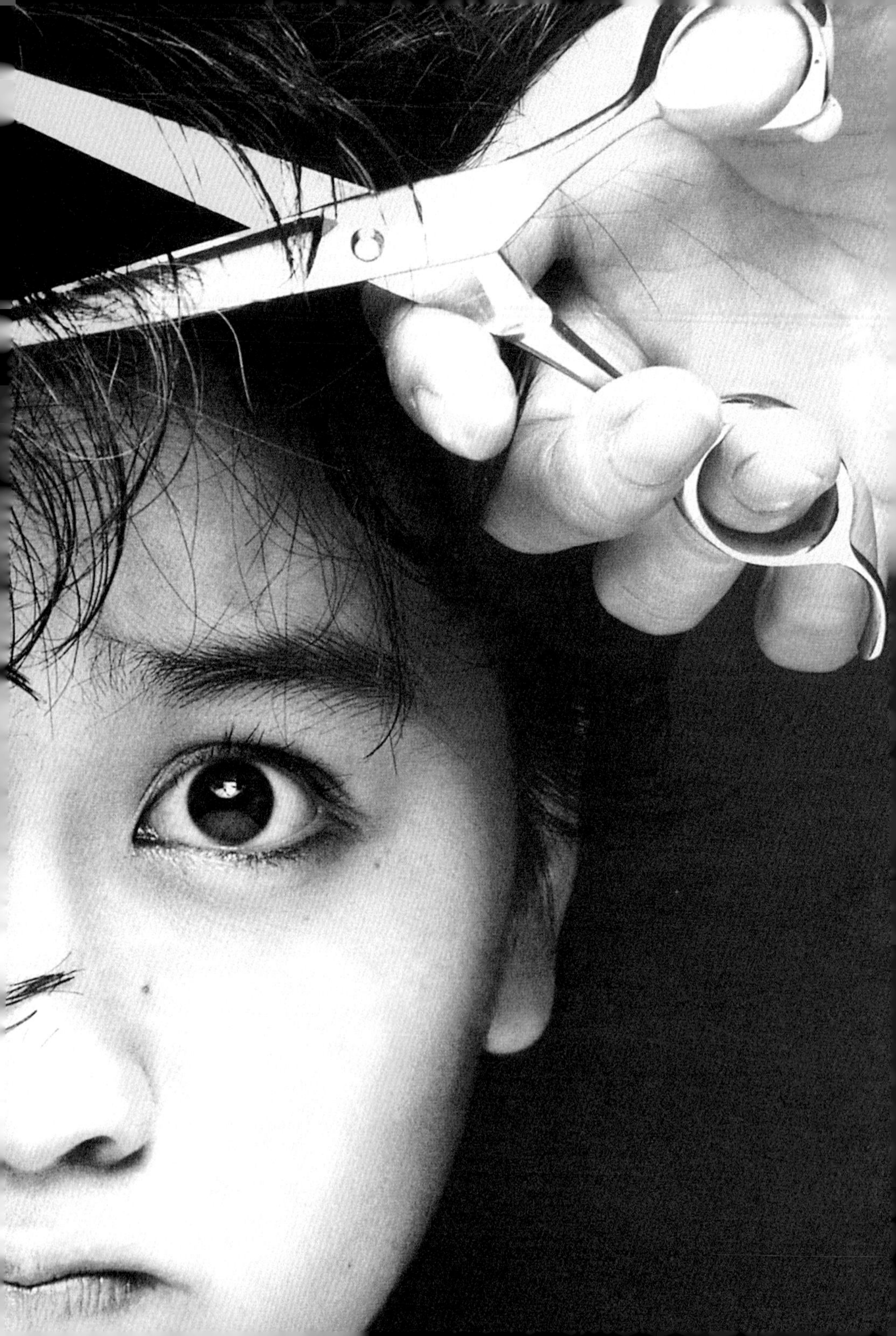

CONTENTS

第1章 幼年期の終わり たおやかに、しなやかに、すこやかに

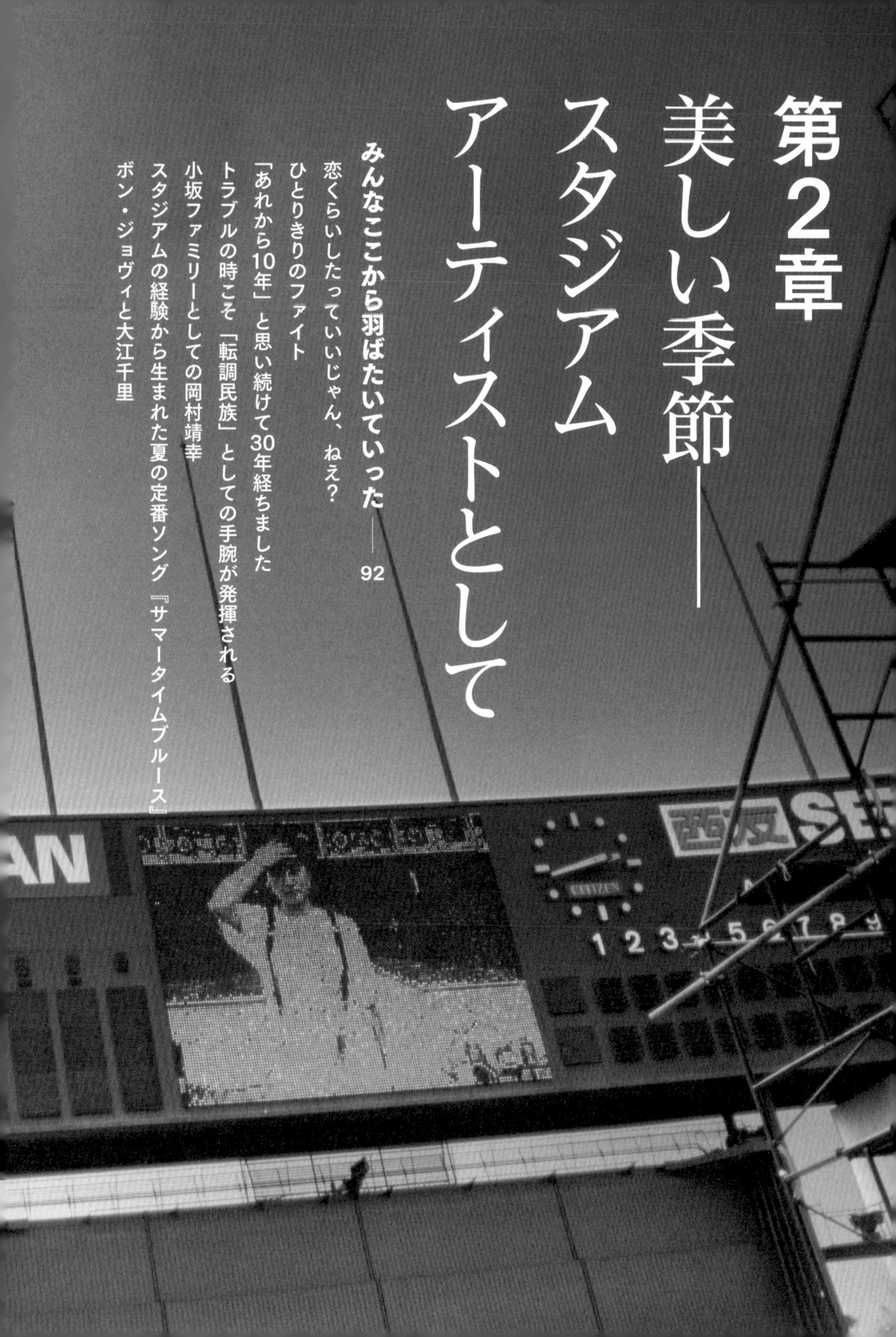

第2章
美しい季節——スタジアムアーティストとして

CONTENTS

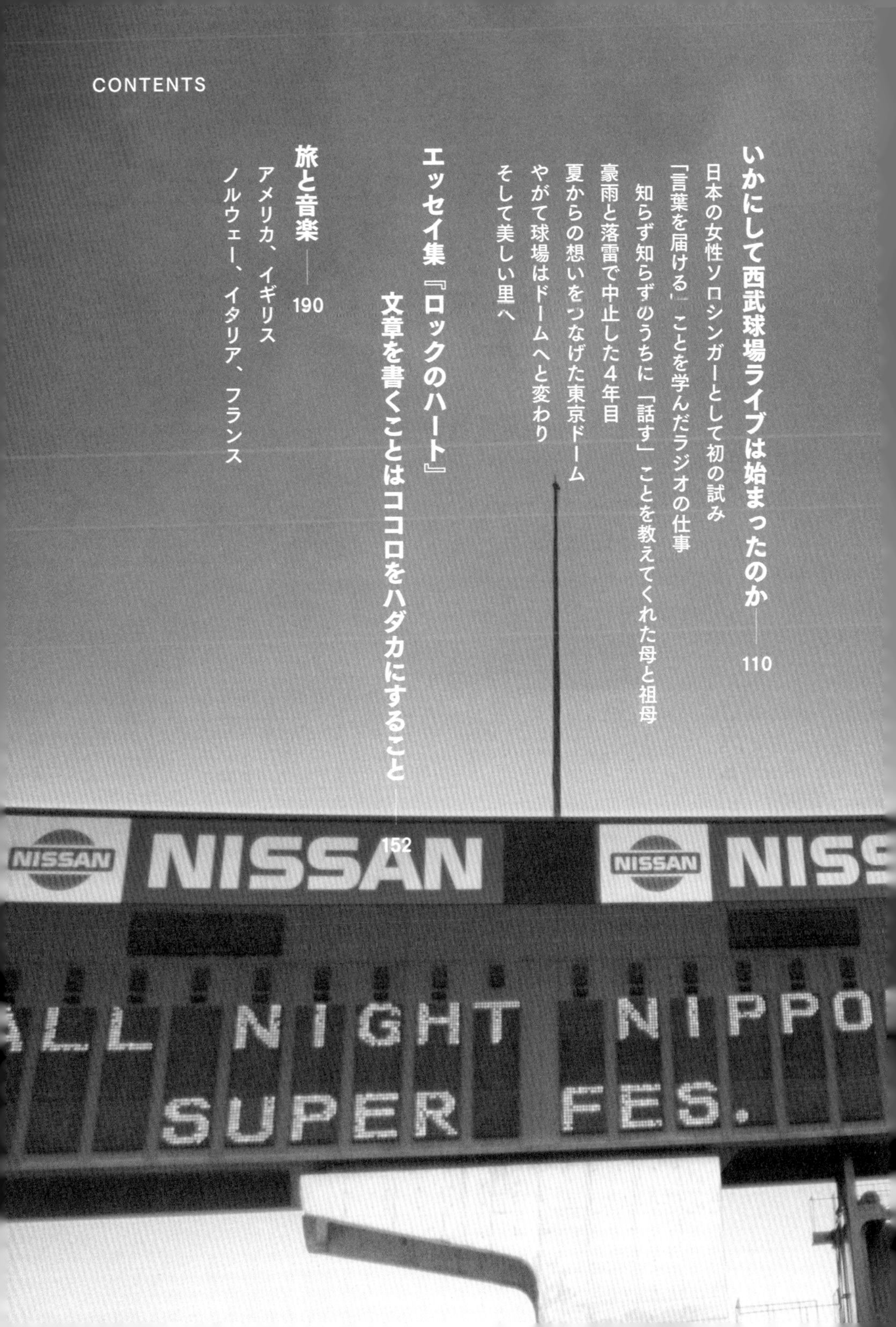

第3章 ロックについて私が知っている2、3の事柄

第4章
harvest
～収穫の時～

CONTENTS

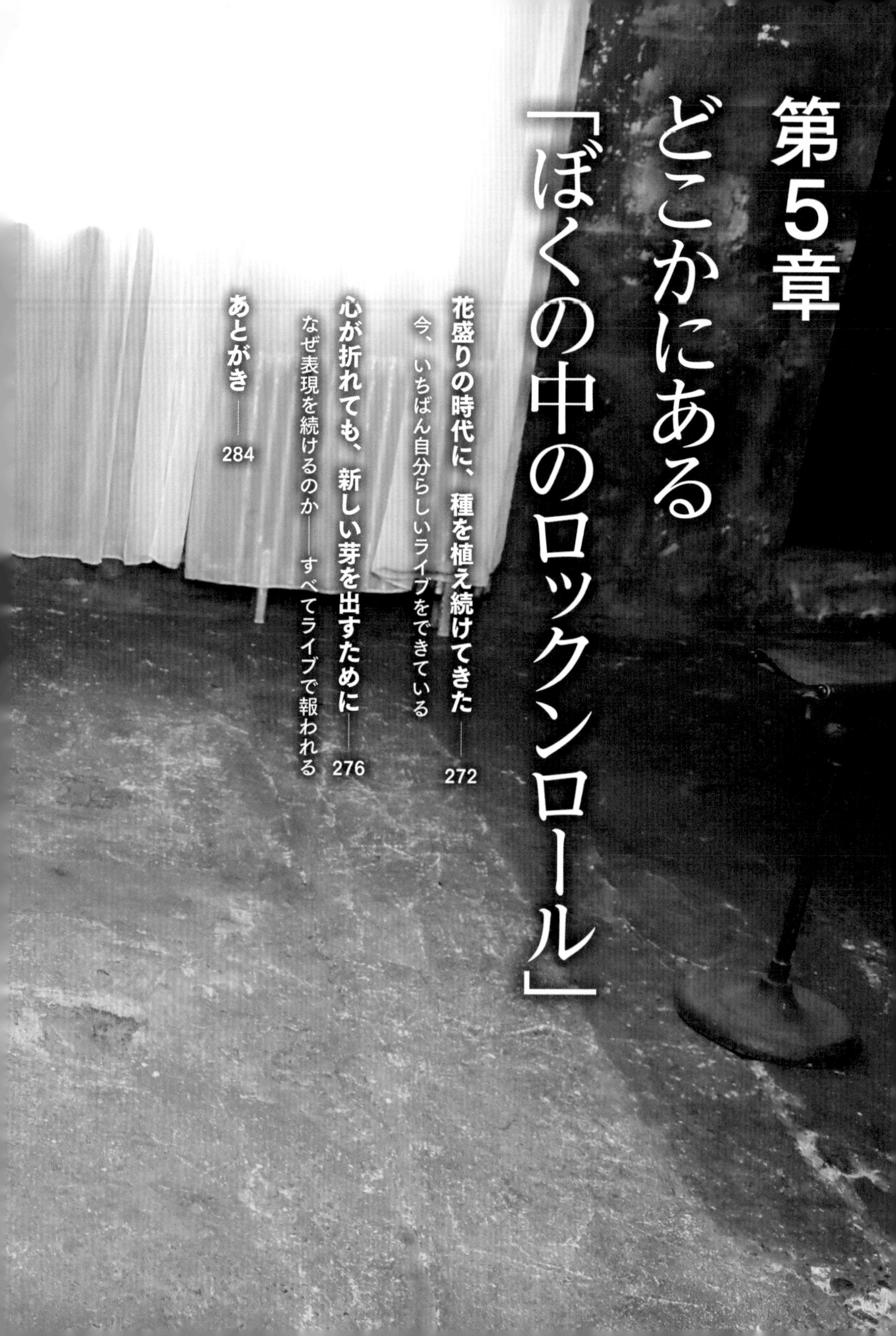

第5章 どこかにある「ぼくの中のロックンロール」

CONTEN

第1章

幼年期の終わり
たおやかに、しなやかに、すこやかに

MISATO'S CHRONICLES

【1980年代の主な出来事】

★ 84 年、高校三年時にミス・セブンティーンコンテストで最優秀歌唱賞受賞。

★ 85 年 5 月、シングル『I'm Free』でデビュー。
★ 85 年 9 月、名古屋ハートランドで初ライブ。ツアー「GROWIN' UP LIVE」。
★ 85 年 10 月、 1st アルバム『eyes』リリース。 2 日後に新宿ルイードでライブ。

★ 86 年 1 月、『My Revolution』で初のオリコンチャート 1 位。
★ 86 年 7 月、2nd アルバム『Lovin' you』(邦楽ソロアーティストとして初の 2 枚組アルバム)。
★ 86 年 8 月、大阪スタヂアムを皮切りにスタジアムコンサート開催。
初の西武ライオンズ球場公演。以後、20 年にわたって毎年西武球場(のちにドーム)公演を行う。

★ 87 年 12 月、 9 th シングル『悲しいね』リリース。

★ 88 年 4 月、10th シングル『恋したっていいじゃない』リリース。
88 年 5 月、 4 th アルバム『ribbon』リリース。

★ 89 年 1 月、ロンドンへ短期留学。
★ 89 年 7 月、 4 回目の西武球場公演。 2 日目は悪天候のためプログラムを途中でカット。
「伝説のライブ」と語り継がれることに。
★ 89 年 10 月、15th シングル『虹をみたかい』リリース。

デビュー前夜――歌謡曲ではない音楽を求めて

1984年、高校三年生の時『ミス・セブンティーンコンテスト』[1]というオーディションに応募したことから、表向きには私の物語が始まります。

このオーディションは集英社とソニーのSDセクション（新人開発・発掘セクション）が合同開催したもので、「ここでなら私のやりたいことをわかってくれる人がいるかもしれない」と直感的に思ったんです。一等賞にはなれないかもしれないけど、きっと誰かが私の歌を聴いてくれると。

課題曲にはEPO[2]さんの『土曜の夜はパラダイス』を選びました。当時はまだ『J－POP』[3]なんて言葉もなかった時代で、歌謡曲やフォークソングなどが日本の音楽の大半を占めているなか、EPOさんやその周りの方々の曲は明らかに歌謡曲とは違っていました。

当時の大人気番組「オレたちひょうきん族」[4]のエンディングテーマにも使わ

1　ミス・セブンティーンコンテスト……集英社が発行する雑誌『週刊セブンティーン』のコンテスト。坂口良子や松田聖子など、後に大ブレイクする女優やアイドルを多数輩出した。渡辺美里が応募した年は、グランプリに松本典子と網浜直子が選ばれ、工藤静香が特別賞を受賞。国生さゆり、渡辺満里奈などもここからデビューしている。

2　EPO……1980年、シュガーベイブ『DOWN TOWN』のカバーでデビュー。歌謡曲でも洋楽でもない音楽性で活動し、J－POP黎明期をつくったひとりであるとみなされることが多い。1980年代半ばには、竹内まりや、大貫妙子と並び「RCA三人娘」のひとりと称された。なお、シュガーベイブは、山下達

れていた曲で、ちょうど歌のレッスンから帰ってくるぐらいの時間に流れていました。

「この曲をセレクトするお笑い番組って、おしゃれ〜」

なんて高校生なりに思っていました。

コンテストに参加した多くの人が歌謡曲を歌うなか、私がこの曲を選んだのは、自分の声に合っていて、のびやかに、自由に自分らしさが出せる、そう思ったから。当時の高校生には今ほど多くの情報源があったわけではなく、その後自分が何かのジャンルにカテゴライズされるなどと思ってもいないし、ましてや「アーティスト」なんていう言葉もよく知らなかった。とにかく歌謡曲とはまた一味違う歌を歌ってみたいという明確な意思と、「ヴォーカリストになるんだ」という強い思いがありました。

このコンテストで「最優秀歌唱賞」を受賞したことが後のデビューにつながります。子供の頃から続けてきた歌や発声、ダンスレッスンなどオーディション以前から「うたを歌う人になる」という思いで火の玉ガールのごとく突き進んできた私にとって、ヴォーカリスト道のストーリーは、デビューのずっとずっと前から始まっていました。冒頭で「表向きには」とお話したのは、そういうことです。

郎、大貫妙子を中心としたロックバンド。1973年から1976年まで活動。大瀧詠一が主宰するナイアガラ・レーベル第一弾としてアルバム『SONGS』をリリース。『DOWN TOWN』は本アルバムからシングルカットされた。アルバムとシングル1枚ずつしか発表していないが、日本のポップミュージックを考える上で最も重要なバンドのひとつだと考えられている。

3　J−POP……「J−POP」という言葉が誕生したのは1988年。東京で開局したばかりのFMラジオ局であるJ-WAVEがつくった造語。海外の音楽しか流さないことが売りだったJ-WAVEが流す日本の音楽の意で、「『J-WAVEで邦楽がかかるということはスゴイことだ』という重要性を出したい」という目論見があったという（烏賀陽弘道『Jポップとは何か——巨大化する音楽産業』2005年、岩波書店）。

4　オレたちひょうきん族……1981年から1989年まで放送されていたお笑いバラエティ番組。ビートたけしや明石家さんま、島田紳助などがレギュラーとして出演していた。

気づいた頃には、音楽でやっていくんだと思いはじめていた

ヴォーカリストになるんだとはっきり意識したのは10歳の頃。それよりももっと前、物心ついた頃から思い続けていたと記憶しています。先日、小学生の時の、そう10歳からの友達にお誕生日のお祝いメールをしたんです。そうしたら友達の返信のなかに「美里ちゃんは当時から音楽室でピアノ弾いて歌ってたね」って。「お互いに皺もシミも気になるお年頃。笑い皺ができるってことはたくさん笑えた証拠。楽しいことといっぱいで笑い皺の勲章を増やしていこう！」とエールの交換をしたのでした。

音楽との最初の出会いは、母の歌う童謡や唱歌。夕飯の片付けをしたり洗濯物をたたんだりしながらよく一緒に歌っていました。アニメソングの『ひみつのアッコちゃん』『アタック№1』『ハクション大魔王』のレコードや、『かわいい魚屋さん』『メリーさんの羊』などの童謡集、『ペールギュント』といった子供クラシック集などレコードに針を落とすあの感覚が好きでした。テレビで観る美空ひばりさん[5]や沢田研二さん[6]の歌声を、子供ながらに「いい声だなあ」と聴き入っていました。3歳の頃に覚えた『真っ赤な太陽』や『お祭りマンボ』

5 美空ひばり……昭和の歌謡界を代表する歌手。女性として初の国民栄誉賞受賞者。代表曲『柔』『川の流れのように』『愛燦燦』など多数。

6 沢田研二……1967年にザ・タイガースのリードヴォーカルとしてデビュー。1971年にソロとして活動を始め、『勝手にしやがれ』『カサブランカ・ダンディ』など次々と大ヒット曲をリリース。「ジュリー」のニックネームで親しまれ、俳優としても活躍。

はライブでカバーもしました。三つ子の魂百まではよくいったもので、しっかりと覚えているもんですね。幼心に描いた「音楽で生きていく」という思いは揺らぐことなく、他の進路は考えもしませんでした。「これをやりたい」「こうなりたい」という思いや方向性が明確に見えていると、やはり強く進んでいけると思います。現在世界で活躍しているテニス、サッカー、野球、ゴルフの選手たちも、かなり小さい頃から明確にビジョンを描いている方々が多いですよね。今の子供たちと一括りにしてはいけないけれど、ちゃんと見ているし、わかっていると思います。だからこそ大人としてみっともないことはできないですね。見られてますよ、私たち（笑）。

学校帰り、電車内で感じた妙な視線

オーディションの後、ソニーの方から連絡があり、「とある事務所の社長さんが、バックコーラスができる女の子を探している。一度会ってみませんか？」というお話をいただきました。それが最初にお世話になったハートランドという会社の社長である春名源基[7]さんでした。ちょうど佐野元春[8]さんがニューヨークから帰ってこられて『VISITORS』というアルバムを出す直前で、業界関係者

7　春名源基……佐野元春、白井貴子、渡辺美里、岡村靖幸らが所属した音楽事務所ハートランド代表。前所属のヤングジャパン時代に佐野元春の初代マネージャーも務めた。

8　佐野元春……1980年にシングル『アンジェリーナ』でデビュー。ロックビートと都会に生活する若者の感情を歌詞に乗せ、日本語によるロック音楽に革命的変革をもたらした。1983年に渡米。ニューヨークでアパート生活をしながらアルバム『VISITORS』を制作。1984年5月にリリースされ、大きく作風を変えながらオリコン1位を記録した。最初の日本語ラップだとみなされることもある。

やお客さんを呼んで赤坂ラフォーレでコンベンションが開催されたんです。そこに春名さんも来るから一緒に行こうと誘ってもらって。

春名さんにご挨拶（あいさつ）した時、開口一番関西弁で、

「かいらし顔して（可愛らしい顔して）」

と言われたのが印象的で、京都の祖父母の口調によく似ていたせいかなんだか懐かしいような気さえしました。その時に「今度デモテープを録（と）ってみよう」という話になりつつも、その日はそのままさよならしたんですね。

それから1週間もしないある日の学校の帰り道、友達と電車に乗っていたところ、なんだか妙に視線を感じるんです。あたりを見回すとにこにこしながらこちらを見ている不審な中年男性が。目が合った瞬間、

「あ、どーも。春名です」

そう、先日ご挨拶したばかりの春名さん。隣の車両に乗ってらして、偶然私を見つけ「こないだ会った子は普段どんな感じなんかな」と友達と喋る私を見ていたそうなんです。見られてますよ、私たち（笑）。

「今、渋谷で白井貴子[9]がライブやってるから観においでよ」と誘っていただきました。帰り道、電車でバッタリ会うなんてものすごい縁を感じました。思えば今までの人生、こうした偶然の出会いとご縁を感じる出来事がとても多いん

9　白井貴子……1981年デビュー。1984年『Chance!』などのヒットにより、女性ポップ・ロックシンガーの先駆け的存在に。

です。春名さんも「そういうのは縁やから」と縁を大切にする方でした。

その日はバイトがあったので、翌日か2日後にお邪魔しました。白井さんはその時、渋谷のLIVE INNというライブハウスで10日間連続ライブを開催されていました。そこに春名さんがエピックソニーのプロデューサー小坂さん[10]を連れてこられたんです。後から聞いたところ、春名さんが小坂さんに「興味がある女の子がいる。会わせたいからぜひ来てくれ」と伝えていたらしいのです。これも後々知ったのですが、当時の小坂さんは、担当アーティストのコンサート以外ライブには一切行かない方だったそうです。そんな小坂さんがあの日足を運んでくれたのも、奇跡というか、不思議なご縁を感じます。その時に白井さんのマネージャーをしていたのが、後に私のマネージャーとなる関野さん。[11]関野氏との初対面もそのLIVE INNでした。

ライブの後、春名さん、貴子さん、佐野さんのマネージャーだった藤井さんなどと代々木上原のお寿司屋さんに行き、早稲田出身の小坂さんと早稲田ラグビーの話で盛り上がり「今度、早明戦を観に行こう！」なんて話をしていました。

大人ばかりの中に交ってよく高校生の私は話ができたもんだと今になって思いますが、「君はどんな音楽をやりたいの？」とさりげなくリサーチしてくれ

10　小坂洋二……日本の音楽プロデューサー。布施明、大塚博堂のマネージャーを務めた後、エピック・ソニー設立時にレーベルプロデューサーとして移籍。佐野元春の才能をいち早く見抜きデビューさせた。渡辺美里以外にも大江千里、TM NETWORK、岡村靖幸などのプロデュースを手がけた。

11　関野一美……株式会社ララマハロ代表取締役社長。デビューから現在まで渡辺美里のマネージャーを務める。

ていましたね。そして改めてデモテープを録ることになったんです。

その時点ではまだエピックに所属することも何も決まっていません。当時エピックには演歌の方1名しか女性アーティストがいなくて、前例がなかったんです。そんななかで春名さんが「この子はそういった新しいところでやったほうが良いだろう」と話を進めてくれました。これが春名さん、小坂さん、そしてエピックとの物語の始まりです。

それからは学校の帰りにまるで部活のようにレコーディングスタジオに通い、大江千里さん[12]やTM[13]、ずっとお世話になっているエンジニアの伊東俊郎さん[14]のもと、スタジオ見学をさせてもらう日々となりました。

その後、デモテープを録ったり各地のラジオ局に御挨拶まわりに出かけたりしているうちに、ソロとしてデビューすることがかたまっていきました。だからといって「はいデビュー決定です！」「エピックに所属が決まりました！」と高らかに告げられることもないままに、高校生活の後半戦・エンディングはスタジオに通いながら過ごしていました。バックコーラスの話は一度もないまま今に至ります。

スタジオの後は（って、千里さんやTMのレコーディングですよ）、小坂さ

12　大江千里……1983年にデビューしたシンガーソングライター。『十人十色』『格好悪いふられ方』『Rain』『ありがとう』などがヒット。2007年までに45枚のシングルと18枚のオリジナルアルバムをリリース。作詞・作曲・編曲家として渡辺美里、松田聖子、光GENJIなどに数多くの楽曲を提供、プロデュースも手がけている。俳優、タレント、ラジオパーソナリティ、エッセイ執筆など幅広い分野で活躍。2008年渡米。2012年に自身のレーベル「PND Records & Music Publishing Inc.」を設立し、同年1stアルバム『Boys Mature Slow』発売。ジャズピアニストとして世界で活躍中。

13　TM NETWORK……小室哲哉、宇都宮隆、木根尚登の3人で1983年に結成されたニューウェイヴユニット。代表曲に『Get Wild』など多数。

14　伊東俊郎……レコーディングエンジニア&サウンドプロデューサー。TM NETWORK、渡辺美里、米米CLUB、HOUND DOG、吉田美奈子、山下達郎、佐野元春など数多くのアーティストを手がけている。

んや伊東さんとひたすらお話をしました。ラグビーの話、伊東さんの好きなプロレスの話、本や映画、野球の話、もちろん音楽の話と……。知らないことだらけの私を若いからといってがきんちょ扱いはせず、ちゃんと話を聞いてくれることがとても嬉しく、プロの世界の人たちとの時間はこれから始まる。そして待ちに待った「うたを歌う」ことへの期待と未知の世界への希望に満ちていました。

春名さん、小坂さん、そして周りのスタッフとの間には、突き抜けるような信頼感がありました。不思議なほど不安に思うことが何もなかった。この人たちと仕事がしたいという直感と触覚は、当時も今も強く働いています。ヴォーカリストとしてのアンテナは、大事な時にちゃんと働くよう、常に磨いて感度を上げていかないといけないんです。錆びつき、鈍くなるのはあっという間ですから。

24時間、ヴォーカリスト渡辺美里を営業している

時系列が少し前後しますが、20thアルバム『ID』[15]に収録された『ボクはここに』は真心ブラザーズ[16]の桜井秀俊さんに曲を依頼しました。私、真心の『サマーヌ

15　『ID』……2019年8月7日にリリースされた渡辺美里の20枚目のオリジナルアルバム。前作『オーディナリー・ライフ』以来4年ぶり。桜井秀俊（真心ブラザーズ）の他、西寺郷太（NONA REEVES）や多保孝一（Superfly）、大江千里らが楽曲提供している。

16　真心ブラザーズ……桜井秀俊と倉持陽一（YO-KING）のふたりで構成されるロックバンド。代表曲に『うみ』『どか～ん』『サマーヌード』など。

ード』という曲が大好きなんです。自分でも夏の曲はかなりたくさんつくってきましたが、『サマーヌード』は歌ったことのないタイプの夏曲。このタイプの曲を女性が歌うことによって別ものとなり、オリジナリティを出せないか？と思っていて、アルバム『ID』の制作にとりかかった時、私のなかにストンッと桜井さんが降りてきて。個人的に桜井さんと知り合いでも何でもなく、一度もお会いしたこともないのに、「桜井さんと仕事がしたい！　桜井さんが呼んでいる！」と私のレーダーが働いたわけです。桜井さんからしたら降りてきた、とか言われて不気味に感じられたかもしれませんが、またしても新しい夏の名曲ができました。桜井さんの言葉の世界観や憂いのあるメロディーがとっても好きで、素晴らしい作品に仕上がったと思っています。

この直感は、突然閃（ひらめ）いたものでも行き当たりばったりのものでもありません。「24時間、ヴォーカリスト渡辺美里」を営業しているので、常に触覚が働いていてレーダーがキャッチし、それがしかるべき時にカタチになる。私の波動もちゃんとキャッチしてもらい、一緒に仕事をしたいと感じてもらえる歌い手であり続けたいと思うのであります。

何においてもワクワクするほう、面白いと感じられるほうに進んできたつもりです。時に難しいと思うことでも「飛んでみろ！」と自分を鼓舞して、転んでも傷ついてもいいから飛んでみる。そうやって生きてきた気がします。だからこそ、高校生の時に春名さんや小坂さんたちのもとに躊躇なく飛び込んでいけたのだと思います。

FUJICOLOR HR 85

FUJICOLOR HR 85

新宿ルイードでのライブ。現存するいちばん古いライブ写真で、紙焼きしか残っていない（ルイードでのライブについては、P41を参照）。なお、この時の衣装はカーテンでできている。映画『サウンド・オブ・ミュージック』で、見習い修道女のマリアがカーテンを仕立てて子供たちに服をつくることにインスパイアを受けたという。デビューの時点で、すでに衣装まで自分でディレクションしていたことがわかる。当時から美里のマネージャーを務める関野一美氏は、デビュー前の美里について「とにかく話がすごく面白かった」と語る。

（右）デビューシングル『I'm free』ジャケット撮影のアウトテイク。
（左）初めてのアーティスト写真のアウトテイク。まだ高校を卒業したばかりの18歳の頃。はっきりとした目の力が印象的。
固く結んだ唇にも意志の強さを感じる。

1985年10月に発売されたデビューアルバム『eyes』（P38参照）のアウトテイク。

Choc
kokolade mit Soja

SAFETY ACCUREX C.T.C

表参道で確保される!?

デビューを伝えられたのは、1985年の3月。その日は高校の卒業式でした。式が終わり、友達とファストフード店のハシゴをしていました。かわいいもんです。たしかウェンディーズに行って、その後ちょっとリッチに、青山のヨックモックに行きました。

さぁ～次行ってみよ～とばかりにお店を出た瞬間、目の前に止まったタクシーの窓がすっと開き、車のなかから私の名前を呼ぶ声が。

「美里！　今から急遽レコーディングの打ち合わせに行くから乗りなさい！」

と、当時表参道にあった事務所に向かうべくタクシーに乗っていた春名さん。信号待ちでちょうど目の前に停車していたのでした。またしてもなんという偶然！　本当にすごい話でしょ？　信号ひとつ違っていたら、ケーキをもうひとつおかわりしていたら、会えずにいたかもしれないのに。

卒業式に出たままの格好だったので、一度家に帰って着替えてから打ち合わせに向かいました。現在は六本木ヒルズとなった場所に「WAVEビル」という建物があり、そのなかに「六本木 WAVE」という、その時代でいちばんヒップでイケてるレコードや映画や音楽ビデオを置いているお店が入っていて、その建物内にスタジオもありました。

打ち合わせが始まると、デビュー曲にしてすでにタイアップが決まっているとのこと。当時は映画のサントラを日本のアーティストがたくさんカバーしていた時代。私は映画『フットルース』[17]の『I'm Free』（ケニー・ロギンス）[18]を歌うことになりました。TBSドラマ「スーパーポリス」のエンディングに使われるというタイアップです。

のちに聞いたところでは、出版社とテレビ局との間でタイアップの話が進んでいるなか、レコード会社も私のことを推おしてくれていたみたいです。まだデビューもしていないまったくの新人にとってはびっくりするぐらい恵まれた状況です。

なのに私ときたら「ふ〜ん。カバーかあ」

デビュー曲がカバー曲と聞いた時、正直こんなふうに思っていました。だってその時18歳の私は、自分の歌が歌いたくて仕方なかったんですから。しかし

17　『フットルース』……1984年に大ヒットしたアメリカの青春映画。監督はハーバート・ロス、主演はケビン・ベーコン。サウンドトラックは日本のオリコン洋楽アルバムチャートで18週1位を獲得。

18　ケニー・ロギンス（Kenny Loggins）……アメリカのミュージシャン。ジム・メッシーナとともに1970年代に「ロギンス&メッシーナ」を結成、主に『ダニーの歌』『ママはダンスを踊らない』『愛する人』などをヒットさせた。1977年からソロとして活動。1984年に『フットルース』が全米1位を獲得、1989年には映画『トップガン』の主題歌となった「デンジャー・ゾーン」で全米2位。

デビューが決まり、いろいろと恵まれた環境を与えてもらい「この子しかいない」と思ってもらえたのは幸せなことですね。

……というか、後年私は「世の中にはこんなにも素敵な曲があるのだからカバーしないなんてありえない！」とカバーアルバムをリリースし、今もライフワークのひとつとなっています。

誰じゃ～！！！「ふ～ん。カバーかあ」なんて思った輩は（笑）。

こうして１９８５年5月2日に『I'm Free』[19]で私はメジャーデビューすることとなりました。

１９８０年代前半はアイドルブームの全盛期。「ミス・セブンティーン」はアイドル中心のオーディションだったので、デビュー当時、私のことをアイドルのひとりだと思っていた人もいたと思います。

……いや、今もそう思ってくれてる人いるかも～。

……どなたですか、今、笑ったのは（笑）。

アイドルの定義は難しいけれど「輝き」という部分で考えると、選ばれる人にはオーラを隠そうとしても隠しきれない、放たれる光がありますよね、きっと。誰もが目を奪われ、放っておけないかわいらしさやかっこ良さ。それがずっと続くかは別として、その時代に選ばれた人たちのなかにあるキラキラとし

19　『I'm Free』……１９８５年５月２日にリリースされた渡辺美里の１stシングル。アルバムには長い間収録されず、２０１５年12月16日にリリースされるデビュー30周年記念盤アルバム『eyes 30th Anniversary Edition』まで待たねばならなかった。

た素敵さや輝き。はたしてそういうものが私にあったかどうかはわかりませんが、今にして思えば、若くて目標に向かって進んでいる時って、みんなキレイで輝いてる。そういう意味では、10代の私もアイドルのように見られていた部分があると思います。特にあの頃は女性ソロアーティストのモデルがあまりいなかったし。

そうした見方に対して当時はすごく嫌な気持ちになることもありました。雑誌などでインタビューされる際、初対面であってもとても馴れ馴れしかったり、あからさまに下ネタをぶつけて面白がってる人もいたりして。年下だから、若いから、女の子だからというだけで随分と我慢することも多かった気がする。また、軽く受け流せない年頃でもあったしね。今は今で、またまた不愉快なことを平気で言ってくる人、いますよ。デリカシーのない人はいつの時代にもいます。言葉のセンスって年齢を重ねれば重ねるほど問われるものではないでしょうか。ウケを狙ってみたものの余計なことしか言ってない！なんてことにならないように、口数は少なくても必要な人に必要な言葉をそっと送ることができる、そんな大人になりたいものです。

そうしたことに苛立ちつつも、どこか状況を俯瞰（ふかん）で見ている自分もいました。激流の真っ只なかにいながら「時間が経てば、見てる人はちゃんと見てくれるし、感じる人はちゃんと感じとってくれている」と。

……なんて言いたいところですが、思い返せばマネージャーの関野氏には「いいから、そんなのほっとけ！」って当時から言われていたような。その時は「おのれ〜！　許さん！」と怒りちぎっていたのかも。

ただ、怒りながらも俯瞰する視点だけは常に持っていたように思います。なぜそのような視点を持つことができたのか。それはデビュー前に小坂プロデューサーから「自分で自分をプロデュースすること」と言われたことが大きいですね。

『eyes』日本の音楽が変わりはじめた時

「自分がどうなりたいか、どういうアルバムをつくりたいか、どういうことを発信したいか、それは自分で考えてください。僕たちはそのお手伝いをします」

「自分のことを常にミクロでもマクロでも見る目線を持ちなさい」

デビューにあたって小坂さんに言われた言葉です。

初めて言われた時「なるほどなあ」と腑に落ちました。どのような状況に置

20　『eyes』……渡辺美里の1stアルバム。1985年10月2日リリース。小室哲哉、木根尚登（TM NETWORK）、大江千里、岡村靖幸ら当時の若手作家陣に加え、同じ事務所の先輩であった白井貴子も楽曲を提供している。収録曲は表題作の他、『GROWIN' UP』『18才のライブ』『死んでるみたいに生きたくない』『きみに会えて』など全11曲。オリコンチャートでの最高順位は4位（週間）。2015年12月16日にはデビュー30周年記念として『eyes -30th Anniversary Edition-』がリリースされ、デビュー曲『I'm Free』はじめ3曲がボーナストラックとして追加された。

21　U2『WAR』……アイルランドのロックバンドU2の3rdアルバム。全英チャート初登場1位獲得など、U2として初のスマッシュヒットになった作品。『Sunday Bloody Sunday』『New Year's Day』など初期の代表曲を収録。ジャケットに使われた少年の力強い瞳が印象的。この少年はU2のヴォーカル・ギターを務めるボノの友人の弟で名をピーター・ローウェンといい、現在はアイルランドで写真家として活動している。

かれた時にでも自分を俯瞰する視点を持てたのはこの言葉の影響が大きいですし、デビューから現在まで、折に触れて思い返す言葉のひとつです。

　1stアルバム『eyes』[20]のアルバムジャケットをつくるにあたっては、参考イメージとしてU2の『WAR』[21]とThe Clashの『London Calling』[22]を持っていきました。せっかくのデビューアルバムなのだから顔を見せたいし、その目を活かしたほうがいいというデザイナーの植田さん、カメラマンの大川さん[23]のアドバイスもあり、『WAR』を参考に進めることにしました。

『My Revolution』をきっかけに私のことを知ってくださった方が多いのでこの曲が私のスタートだと認識されている方もいるのですが、本当の意味での始まりは『eyes』です。

　このアルバムには大江千里さんのようなシティポップの代表格や、後藤次利さん[24]のように、当時のヒットチャートを常に賑わせつつも尖(とが)った音楽をやっている方々もたくさん参加してくれていました。またTM NETWORKの小室哲哉さんや木根尚登さん[25]、岡村靖幸さん[26]も参加しています。TMはまだ大ブレイクする前、岡村さんはまったくの無名でした。

　日本の音楽シーンにおける「今」と、才能あふれる「ネクストブレイク寸前」のアーティストたちが集まってくれています。エピックという、当時新しくて

22　The Clash『London Calling』……イギリスのバンド、ザ・クラッシュの2枚組アルバム。イギリスでは1979年12月、アメリカでは1980年1月に発売。アメリカの音楽雑誌『ローリング・ストーン』は、本作を1980年代最高のアルバムに選出し、2003年に同誌が行った大規模なアンケートではグレイテスト・ロック・アルバム500枚のうち第8位に選出。ジャケットにはポール・シムノン（Ba.）がベースを叩き壊す写真が使われている。

23　大川直人……写真家。1982年よりフリーカメラマンとして活動。渡辺美里のデビュー時より、彼女のアーティスト写真を撮り続けている。忌野清志郎や尾崎豊らミュージシャンの撮影のほか、藤木直人のアーティストブックや叶恭子の写真集、その他広告やファッションを中心に活動している。

刺激的なレーベルと、小坂さんという魅力あるプロデューサー、そして新しいヴォーカリスト。嗅覚の鋭いアーティスト同士、ここからきっと何か面白いことが始まる予感をみんなが感じていた1985年の夏。

『eyes』は、作曲陣、作詞陣、編曲家、参加ミュージシャンすべてが新しくて実験的でもありなおかつ普遍的なチカラ強さを持ったアルバムだと言えると思います。30年後に名盤ライブとして行ったアルバムを再現するコンサートでそのことが証明されたのではないでしょうか。二度と同じものはつくれない、そんなアルバムに出会えた、18歳から19歳になった私でした。

アルバムアーティストとして、人に「伝える」ということ

「アルバムアーティスト」という言葉は後から私が勝手に言い出したもので、当時そんな言葉が正式にあったのかどうかはわかりません。ただただ「アルバムをつくりたい」という思いがいつもありました。仕立ての良いシャツをフィットさせるように、自分にぴったりくるものを大切につくっていくと考えた時、イメージするのはいつもアルバムでした。

だから一年中でもスタジオにいたい。あまりにもスタジオに籠(こも)っていてお日

24 後藤次利……日本を代表するベーシスト、作曲家、編曲家、音楽プロデューサー。小坂忠とフォージョーハーフ、新六文銭、トランザム、ティン・パン・アレー等のセッションに参加。1976年に高中正義、高橋幸宏とサディスティックス結成。1979年、沢田研二『TOKIO』で日本レコード大賞編曲賞を受賞以降、シブがき隊、一世風靡セピア、中森明菜、とんねるずなど数多くの楽曲制作を手がける。おニャン子クラブ及び工藤静香をはじめとした関連のアーティストを手がけ、その影響はアイドル歌謡のあり方を変えたと言われている。作詞家の秋元康とともにゴールデンコンビと呼ばれ、多数のヒット曲を生み出した。

25 木根尚登……1979年にロックバンドSPEEDWAYのキーボーディストとしてデビュー。1983年に宇都宮隆、小室哲哉とTM NETWORKを結成し、ギタリストに転向。渡辺美里に『eyes』を提供して以降、数々のアーティストに楽曲提供を開始。

様に当たらないもんだから、久々にライブで私を見た学生時代の友人に「みさっちゃん蝋人形みたいに白かった」と言われたこともありました。

デビュー当時はどんどん楽曲をシングルカットしていた時期もありましたね。たくさんの方々にどんなアーティストなのかを知ってもらうために。しかし今は好きな楽曲を自由にバイキング形式・ビュッフェ形式で楽しむ時代になっているから、どこからどう聴いてもらってもごきげんな楽曲に仕上げないとね。

コンサートをやるためには良い楽曲がたくさん必要になってきますし、アルバムの曲は全部シングルになるぐらい濃厚な曲づくりが続きました。ライブが第一というより、良いライブ、良いパフォーマンスをするためには良い楽曲が不可欠ですし、人にちゃんと伝え届けることをやりたいといつも思っています。

初めてのライブは、デビュー年の9月から名古屋ハートランドスタジオを皮切りに始まったライブツアー「GROWIN' UP LOVE」です。発売前の『eyes』の楽曲を中心にセットリストを組んだと記憶しています。10月2日に『eyes』がリリースされ、その2日後には新宿ルイード（現・新宿 RUIDO K4）でワンマンライブを行いました。４００人以上のお客さんが来てくれて、当時の新

26　岡村靖幸……「岡村ちゃん」の愛称で親しまれるシンガーソングライター。19歳で作曲家としてデビューし、渡辺美里、吉川晃司、鈴木雅之などに楽曲を提供。1986年『Out of Blue』でデビュー。現在まで8枚のオリジナルアルバムを発表する他、川本真琴、charaなどへの楽曲提供や、近年ではDAOKO『ステップアップLOVE』（2017年10月）、岡村靖幸さらにライムスター『マクガフィン』（2020年1月）など幅広く活動している。

記録だったそうです。隅から隅までぎっしり人が入っていました。

バンドメンバーとのコミュニケーションを密に取る間もなくデビューが決まり、ライブも決まったので、私からはメンバーがみんなすごくお兄さんに見えていました。いや、「お兄さん」というよりも「おじさん」という感覚のほうが近かったかもしれません。ライブの詳細はさすがに35年前なのであまり覚えていませんが、自分が守られているという感覚はなく、「ひとりだな」と思いながらステージに立ったことはよく覚えています。たしかあの日、ライブ後に地震があったんです。エレベーターが止まってしまって階段がものすごく混雑していました。

一般のお客さんだけでなく、業界関係者の方々もたくさん来てくれていましたね。ギタリストの鈴木賢司さん（Jammer）[27]や、まだデビューが決まっていなかった岡村靖幸さん、それにのちに『10 years』『すき』をアレンジしてくれた有賀啓雄さん[28]も楽屋に挨拶に来てくれました。有賀さんとはその頃から「もしかしたら一緒にやることになるのかな」となんとなく思っていた気がします。

でもやっぱりいちばん記憶に残っているのは「私はひとりだ」という想いです。いろいろな資料を読むと、この日のライブはMCなしだったみたいですが、

27 鈴木賢司……ロンドン在住のギタリスト。通称 Kenji Jammer。学生時代よりTV出演し「天才ギター少年」と呼ばれ、1983年のデビュー後はスティーヴィー・レイ・ヴォーンやディープ・パープルの前座に抜擢。1987年に元クリームのジャック・ブルースと共演したアルバム『INAZUMA SUPER SESSION Absolute Live!!』をリリースしたことがきっかけで渡英、活動拠点をロンドンに移す。1998年よりイギリスのバンド、シンプリー・レッドのメンバーとしても活動。

28 有賀啓雄……シンガーソングライター、ベーシスト、音楽プロデューサー。ソロとしての活動の他、渡辺美里、吉田栄作、藤井フミヤ、かとうれいこなどに楽曲提供を行っている。

これについては全然覚えていないんですよね。でもＭＣは不得意だという意識はあったから、それでしなかったんじゃないでしょうか。

My Revolution

作詞：川村真澄　作曲：小室哲哉　編曲：大村雅朗

さよなら　Sweet Pain
頬づえついていた夜は昨日で終わるよ
確かめたい
君に逢えた意味を　暗闇の中　目を開いて

非常階段　急ぐくつ音
眠る世界に　響かせたい
空地のすみに　倒れたバイク
壁の落書き　見上げてるよ
きっと本当の悲しみなんて
自分ひとりで癒すものさ

わかり始めた　My Revolution
明日を乱すことさ
誰かに伝えたいよ
My Tears My Dreams　今すぐ

夢を追いかけるなら
たやすく泣いちゃだめさ
君が教えてくれた
My Fears My Dreams　走り出せる

感じて　Heart Ache
笑顔が多いほど　独りの夜がつらいね
わけあいたい
教科書のすき間に書いてた言葉　動き出すよ

ホームシックの恋人たちは
ユーモアだけを信じている
交差点ではかけ出すけれど
手を振る時はきゅんとくるね
たったひとりを感じる強さ
のがしたくない　街の中で

求めていたい　My Revolution
明日を変えることさ
誰かに伝えたいよ
My Tears My Dreams　今すぐ

自分だけの生き方
誰にも決められない
君と見つめていたい
My Fears My Dreams　抱きしめたい

わかり始めた　My Revolution
明日を乱すことさ
誰かに伝えたいよ
My Tears My Dreams　今すぐ

夢を追いかけるなら
たやすく泣いちゃだめさ
君が教えてくれた
My Fears My Dreams　走り出せる

1986年、初めてのホールツアー。最初は「19才の秘かな欲望」というツアータイトルだった（のちに曲名になる）が、『My Revolution』が大ヒットしたことを受け、急遽タイトルが変更された。正式タイトルは「My Revolution -19才の秘かな欲望コンサートツアー」

1986年、慶應義塾大学三田祭前夜祭での1コマ。あまりにも忙しい時期だったので、楽屋での休憩時間にラジオ収録を行った。三田祭前夜祭は、その時もっとも旬のアーティストを呼ぶことで人気が高い。1980年に初開催された第1回のゲストはRCサクセション、上田正樹、シーナ＆ザ・ロケッツなど。その後、松任谷由実（81年）、佐野元春、山下久美子（82年）、沢田研二（83年）、時任三郎（84年）、稲垣潤一（85年）が出演。現在までほぼ毎年続いている。2019年のゲストはMrs.GREEN APPLE。

『My Revolution』どこにもなかった四位一体の曲

多くの人に私を知っていただくきっかけとなった『My Revolution』[29]は、『eyes』のレコーディング時に小室哲哉さんが持ってきてくれたものです。当時はカセットテープでデモをわたしてくれていましたが、直接伝えたいと思ってくれたのか、中目黒の青葉台にあるKRSスタジオでレコーディングしているところに来てくれて、スタジオのピアノで小室さんが弾いてくれたんです。私はそれに合わせて「ららら」で歌って。

もう、すっごい良い曲だと思って。全身がゾワーッとしました。

小室さんもたぶんその反応を見たかったんでしょうね。エンジニアの伊東俊郎さんもスタジオの向こうからトークバックで「すっごい良い曲じゃん！」って。それが最初でしたね。

当時の小室さんの印象は、かなりの偏食家で魚嫌い（笑）。スナック菓子の

29 『My Revolution』……1986年1月22日にリリースされた4枚目のシングル。作詞・川村真澄、作曲・小室哲哉、編曲・大村雅朗。週間オリコンチャートで初の1位を獲得し、渡辺美里の代表曲として現在まで広く親しまれている。

「おっとっと」も鯉のぼりもダメ、というくらい徹底して魚嫌いでしたね。出会ったのは、小坂さんに勧められてTMや千里さんのスタジオを見学していた高校生の頃。TMチームは男の人ばかりでなんとなく居づらくて、私はどちらかといえばTMじゃなくて千里さんのスタジオに行くことが多かったけど、TMのスタジオにはいっぱい機材が並んでいたのが印象的でした。それこそシンセサイザーが何台もあって。シンセと言えば私はYMO[30]が好きだったけど、「YMOよりさらにいっぱい機材があるなあ、ピコピコやってるなあ」なんて思いながら眺めていました。プロデューサーの小坂さんは「僕が担当しているアーティストはみんな才能があって、美里にもすっごい良い曲をつくってもらうから」と言っていて、小室さんはそのなかのひとりでした。

小坂ファミリーとしての小室哲哉

小室さんの曲は当時からとても面白いと思っていました。『eyes』には小室さんの曲が3曲収録されています。最初につくってくれたのは『死んでるみたいに生きたくない』。この時も六本木WAVEが入っていたビルの上階にある「セディックスタジオ」で、小室さんがキーボードを弾いてメロディを伝えて

30　YMO……Yellow Magic Orchestraは、細野晴臣、高橋幸宏、坂本龍一による音楽グループ。1980年代初頭に巻き起こったテクノ・ニューウェイヴムーブメントの中心にいたグループであり、シンセサイザーとコンピュータを駆使した斬新な音楽を次々発表。わずか5年間の活動ながら、日本の音楽界に多大な影響を与えた。1993年に一時的に「再生」（再結成）しており、2007年にも再々結成している。

くれました。ふたりで「この曲、後藤次利さんのブイブイいってるベースとかあったら素敵じゃない?」なんていう話をしました。挑戦的で新しい感覚のメロディだと感じました。

『きみに会えて』は、すごく短い木訥(ぼくとつ)としたメロディで、小室さんが中学生の頃に書いた曲なんです。小室さんがものすごく大事にしていた曲をデビューの時にいただいたんですね。レコーディングでは上手に歌うというよりは、消え入りそうな、喋っているような歌い方にしました。

「この人の書く曲って面白いな」という思いは小室さんだけでなく、同じように木根さんや岡村さん、千里さんに対しても抱いていました。千里さんは他のみんなよりも少し先を行っていて、「シティポップ」なんていう言葉がない時代にちょっとおしゃれな、その当時の恋愛やカレッジの香りを歌っていましたよね。そういう流れで『eyes』の制作を進めながら、次のアルバム『Lovin' you』[31]の準備を始めていたんですね。

本当に、聴いた瞬間に新しい始まりを感じたけれど、よく言われるような「転調」についてはそれほど意識はしなかった気がします。今は「小室哲哉さんといえば転調」というイメージがあるだろうし、最初に完成した小室サウンドが『My Revolution』だと思われていますよね。ある面でそれは事実なんだろう

31 『Lovin' you』……渡辺美里の2枚目のオリジナルアルバム。1986年7月2日リリース。当時としては珍しいトリプルジャケットが採用された全20曲収録の2枚組アルバム。19歳でのリリースであり、10代の邦楽アーティストが2枚組のCDをリリースしたのは史上初だった。『Long Night』『My Revolution』『Teenage Walk』などを収録。前作に続き小室哲哉、木根尚登、岡村靖幸らが楽曲提供している。2016年には『30th Anniversary Edition』が発売された。

けど、でもあの転調の流れをスムーズにしてくれたのは編曲の大村雅朗(おおむらまさあき)[32]さんなんです。大村さんは、いつになっても色あせない普遍的な音楽を数多くつくった方でした。「小室さんといえば転調」というのは、『My Revolution』をはじめその後の小室さんの成功を経て徐々に言われるようになったものだと認識しています。

小室さんが日本の音楽のある一部をものすごく賑わせた人であるのは間違いないと思います。特に90年代後半はチャートの大部分を小室さんの音楽が占めていたから、その当時に思春期を迎えた人にとっては「J－POP＝小室哲哉」という印象があるかもしれませんね。でも強調しておきたいのは、小室ファミリー以前に彼は「小坂ファミリー」でもあるわけです。やがて小室さんはそこから出て新しい場所を見つけ、ひとつの時代をつくりました。そのもっとずっと前に、新しい夜明けを見る前の、これからいろんなところに向かって自分たちの音楽を発信していく、そういうものが蠢いていた時代がありました。それが日本の音楽のひとつの潮流をつくったと思います。

そういう時に一緒に立ち会えたことはとてもラッキーだったと思っているし、だからこそ、いろんな嫌なニュースを聞くと悲しくなるし、心配にもなります。

32　大村雅朗……渡辺美里『My Revolution』をはじめ、数多くのヒット曲を手がけた作曲家、編曲家。代表曲に八神純子『パープルタウン』、山口百恵『謝肉祭』、松田聖子『青い珊瑚礁』『SWEET MEMORIES』、吉川晃司『モニカ』、大沢誉志幸『そして僕は途方に暮れる』、佐野元春『アンジェリーナ』、大江千里『格好悪いふられ方』など多数。

小室さんが突出して時代の寵児になった頃、つまり小室ファミリーを引き連れていた頃には私たちはあまり一緒に仕事をしなくなっていたから、その当時どんな想いを持っていたか正確にはわかりません。でも小室さんは、ああいったキーボードサウンドをもっと面白くできると信じていたんですよね。

一方で小室さんは、当時から「ザ・歌謡曲」みたいな音楽もすごく好きな人でした。そういった歌謡曲をアップデートしようという気持ちもあったと思います。私は歌謡曲とは違う音楽をやりたいと思っていたから、そういう意味で仕事としては少しずつ距離を置くようになって、ちょっと離れたところから小室ファミリーのことは見ていました。でも、誰もが知っているポピュラーミュージックって本当に素晴らしいと思うし、そういうものが次の時代にも必要だと思います。

わかりはじめた My Revolution——四位一体の曲

『My Revolution』の歌詞は、作詞家の川村真澄さん[33]によるものです。私が書いたものではないにもかかわらず「これぞ私!」と言うべき内容です。歌詞の解釈について、時々取材で聞かれます。インタビュアーのなかには川村さん

33 川村真澄……渡辺美里『My Revolution』、宮沢りえ『ドリームラッシュ』、荻野目洋子『NONSTOP DANCER』、沢口靖子『Follow Me』、小泉今日子『Smile Again』など数多くのヒット曲を手がける作詞家、作曲家。1980年代には久保田利伸のメインライターを務めた。

に作詞の意図を聞いてから「こうおっしゃっていましたが、どうですか？」と質問してくださる方もいます。でも私は、受け止めた人がそれぞれに解釈すればいいと思っているんです。曲は自由であってほしい。だから川村さんの意図は自分のなかに深くは入れていません。受験や親とのいざこざ、恋愛、あるいは自分との戦いなど、それぞれに重ね合わせてくれればいい。「この曲はこういう意味で、この人のためにつくりました」みたいな話は聞きたくないんです。

ただ、初めてこの歌詞を見た時は、「今までに聞いたことのない、どこにもなかった新しい歌だ」と思いました。この世界観が全部新しいと感じたんです。メロディを聴いてゾクっときて、歌詞を読んでまたゾクッときて。大村さんがアレンジしてくれた音を聴いてさらにゾクッときた。良い曲にならないはずがないと思いました。

いただいた歌詞の世界観を存分に表現することがヴォーカリストの仕事であり、書いた人以上に表現しきれるかどうかにヴォーカリストの力量が問われます。もちろんその歌を自分の色に染めることができれば良いけど、正直、歌詞を読んだ時はすべてが新しすぎてびっくりしたのと同時に、「うわー、こんな歌を歌いたかったー！」と思いました。「こんな歌をつくりたかった」とは思わなかったんです。

この曲には「きっと本当の悲しみなんて　自分ひとりで癒すものさ」という歌詞があります。続くサビが「わかりはじめたMy Revolution」です。「わかりはじめた」って歌っているけど、たぶん当時は、全然わかっていなかった（笑）。

でも今は、すごくよくわかります。他人に何かを言われて背中を押される気がすることもあるけれど、結局、踏み出すのは自分なんですよね。映画を観たり、旅行したり、音楽を聴いたり、いろいろなことをして人は悲しみを癒やそうとするけれど、そこから一歩を踏み出すのは自分でしかない。悲しみを癒やすのは自分の力だから。「ああその通りだな」って、だいぶ大人になってから理解しました。この言葉に代わる歌は今でも聴いたことがありません。その時々の自分の置かれた状況によって響くパーツが変わってくる曲だと思います。大人になればなるほどしっくりきますね。すごくテンションが上がるけれど、かなりシリアスなことを歌っている。

もうひとつ言えば、この曲はＴＢＳ系列の「セーラー服通り」というドラマの主題歌でもありました。３人の女の子がひとつの名前で漫画を描くというストーリーで、自分たちを鼓舞して革命を起こしていくという内容でした。

だから『My Revolution』という曲名になったのだと思います。タイトルはプロデューサーの小坂さんがつけてくれました。「Revolution（革命）」と

いう一般的な事象に「My（私の）」という個人的な言葉を組み合わせているこ
とが面白いですよね。しかもそれを「わかりはじめた」と歌い、「明日を乱す
ことさ」と続ける。未来を語る時に「明日をつくる」「今を積み上げる」とい
ったニュアンスではなく「乱す」という言葉を使っているんです。本当にロッ
クで素晴らしい歌詞だと思います。

たくさんの人に知ってもらうきっかけとして『My Revolution』という曲
の存在はとっても大きかったと思います。小室哲哉さんがつくってくれた曲に、
川村真澄さんが書いてくれた唯一無二の歌詞、そしてとっても普遍性を持った
大村雅朗さんの音色選びとアレンジ、フレーズ。この三位一体に歌が合わさり、
四位一体となってみなさんに知ってもらうことができました。

そういう意味では、「これが渡辺美里です」という名刺代わりに出した作品
が『eyes』だったとしたら、その名刺に写真が入ったのが『My Revolution』
だったと思います。

『悲しいね』映画と俳句からの影響

『My Revolution』について言及される時は必ずと言っていいほど転調が話

題になります。でも、自分で言うのも変ですが、そんなにわかりやすい転調ではないと思うんです。『悲しいね』[34]『ムーンライトダンス』[35]『JUMP』[36]といった曲のほうがわかりやすく転調していませんか？

　特に『JUMP』はものすごく転調する曲なので、弾いている有賀さんからは「みさっちゃん、よくこれで歌えるね」なんて言われていました。そのたびに私は「いや私、転調民族なんでどんな転調にもついていきますから」なんて返していたんですけど。

　『悲しいね』は、歌詞と転調がうまくリンクした作品だと思います。歌詞を書いた時はツアーで北海道にいました。たしか、ホテルの部屋で取材を受けていたんじゃなかったかな。その時窓から外を見たら、下のほうでふわーっと風が吹いて雪が舞い吹き上がっているのが見えたんです。「この感じを詞にしたい」と思って。見ているだけで悲しくなるような雪の舞い方でした。別に悲しいことなんて何もないのに、雪を見ているだけで泣いちゃいそうだった。

　でも人は普通、舞い上がってくる雪というのはあまり体感しないですよね？雪は降ってくるものだから。この感じをどう表現したら良いんだろうかと考え、自分が置かれている状況を俯瞰した時に、カメラ位置を変えてみようと思ったんです。そうして「白い雪　目の中におちてくる　君以外　見えなくなる」と

34　『悲しいね』……1987年リリースの9thシングル。作詞は渡辺美里、作曲・編曲は小室哲哉。4thアルバム『ribbon』収録。

35　『ムーンライトダンス』……1989年リリースの13thシングル。作詞は渡辺美里、作曲・編曲は小室哲哉。5thアルバム『Flower bed』収録。

36　『JUMP』……1991年リリースの7thアルバム『Lucky』に収録された曲。作詞は渡辺美里、作曲・編曲は小室哲哉。

いう歌詞になりました。私は舞い上がり吹き上がる雪を上から見ていたけれど、つまり下から上への運動だったけど、歌詞にする時は上から下への運動になった。こういう書き方になったのは、小さい頃から映画が好きだったことが影響しているかもしれません。カメラの位置をアップにするとか、上から寄っていくとか、引くとか、そういう目線で歌詞を書いていました。どんなラブソングでも「好き！　好き！」って言っているだけでは息苦しくなってしまいますよね。次の日に見たら恥ずかしくなっちゃうラブレターみたいな歌詞になってしまう。それは避けたかった。だけどある程度の盲目感も入れたい。なおかつ美しい詞にしたい。そう考えてできた歌詞です。

短いフレーズに言葉を当てはめる作業自体は、実は子供の頃から自然と続けてきたことでもあります。祖母が俳句を詠む人で、いつも家には、季節を少しだけ先取りした俳句が短冊に飾られていました。それを見て「どこに季語があるんだろう?」と調べたり、その短い言葉に自分でメロディをつけたりしていました。

考えてみれば、私の作詞の原点はここにあるのかもしれません。『悲しいね』の歌詞は英語に訳せない、と言われたこともありますが、自分の深いところに俳句があることが大いに関係しているような気がします。たしかに「sad」と言うわけにはいかないし、悲しい「ね」のニュアンスを訳すのは難しいですよね。

悲しいね

作詞：渡辺美里　作曲・編曲：小室哲哉

下りの電車　明日まではまた逢えない
まつ毛の先そっと　街の灯がともるよ
やさしく息がかかるくらい　近くにいて
せつない程　君を遠く感じている

君に泣き顔みせないように
後ろ向きで手をふるのは何故
流れてはすぎる風景に
答があふれだす

幼い頃は　サンタクロース待っていたよ
凍るような夜は　君の声待ってる
人ごみの中まぎれてると
夢さえ手ばなしたくなるのは何故
強くて清らかな生活に
少しつかれたよう

一番の勇気はいつの日も
自分らしく素直に生きること
白い雪　目の中におちてくる
君以外　見えなくなる

悲しいね　さよならはいつだって
やさしさを失った海の色
悲しいね　悲しいね　悲しいね
愛することためらうなんて

国道沿いの街路樹へと　風がゆれる
かじかむ手のひらに　冬が近づいてる

人のこころのあたたかさに
情けない程　ふれたいのは何故
踏切の音にわけもなく
涙があふれだす

一番の勇気はいつの日も
自分らしく素直に生きること
白い雪　目の中におちてくる
君以外　見えなくなる

悲しいね　ひとりきりいつだって
むじゃきさを失った遠い空
悲しいね　悲しいね　悲しいね
争うばかりじゃ悲しいね

悲しいね　さよならはいつだって
悲しいね　ひとりきりいつだって

（左）1986年8月、大阪スタヂアムを皮切りに、名古屋城深井丸広場、西武ライオンズ球場でスタジアムコンサート「MISATO SPECIAL '86 KICK OFF」を開催。女性ソロシンガーとして初の試みとなった。
（右）同年9月より、全国38カ所39公演の「Steppin' Now Tour」がスタート。『Steppin' Now』は美里が初めて作曲した作品でもある。

1986年3月、アルバム『Lovin'you』のレコーディングでニューヨークへ。これが美里にとって初めての海外。学生時代に「10代のうちに海を渡れ」と先生に言われたことがずっと心に残っていて、19歳の渡米により達成できた。

12726

アルバム『Lovin' you』ジャケット撮影写真アウトテイク。2枚組というアイデアはThe Clash『London Calling』を、観音開きのジャケットはElton John『Goodbye Yellow Brick Road』を参考にしたという。また、レコードからCDへの移行が本格的に行われはじめた頃でもあり、LP・CD・カセットの3形態で売り出された。

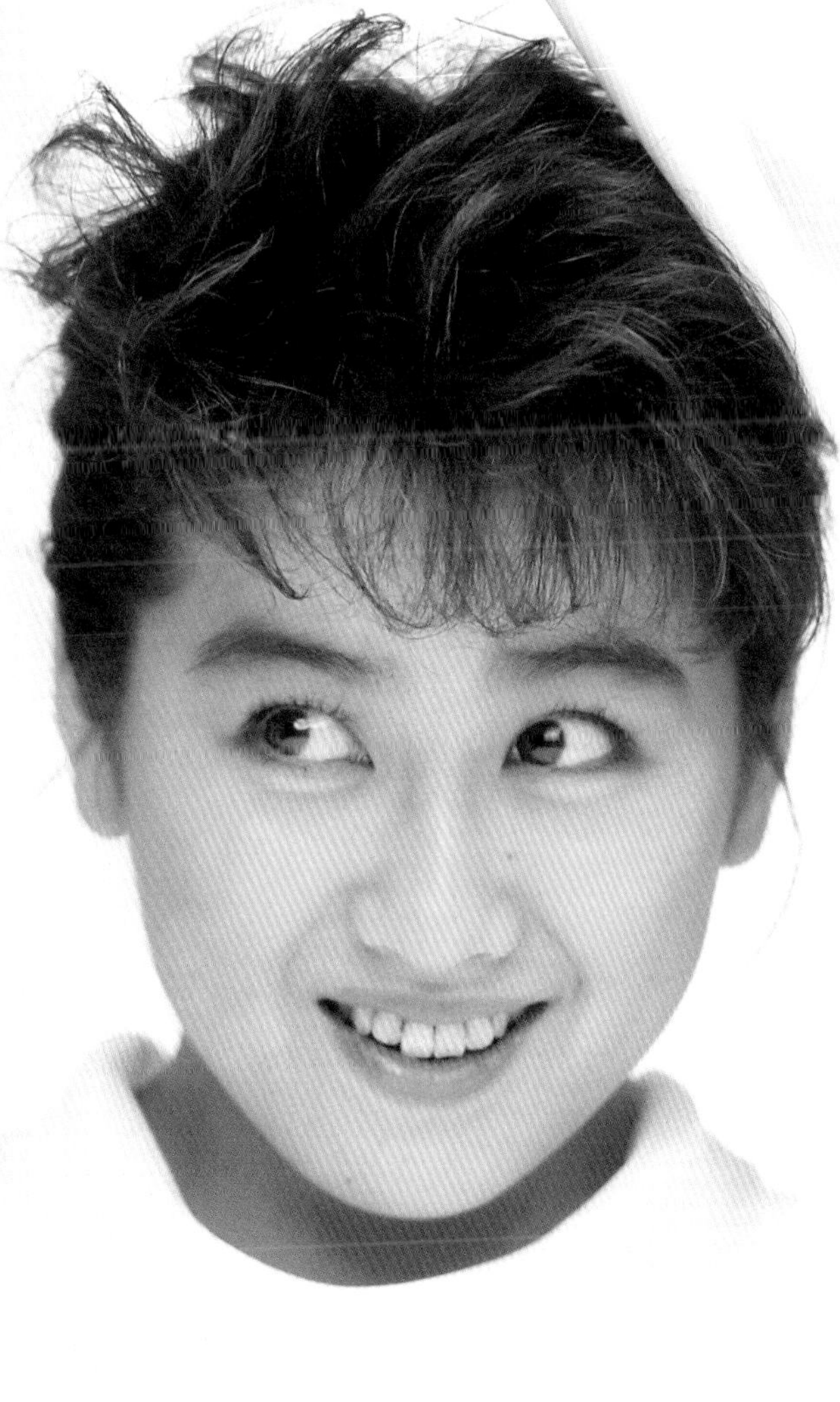

1988年5月28日に発売された渡辺美里の代表作『ribbon』アウトテイク。

10 years

作詞：渡辺美里　作曲：大江千里　編曲：有賀啓雄

空一面広がった　夕焼け見てたら
もう二度と逢えないよな　気持ちになった
二人ならんで笑った写真
届かないひきだしに　しまわなくっちゃ

あのころは何もかも大きく見えた
あのころは何にでもなれる気がした
遮断機ごしのぼやけた景色
気がつけば　母の背を追いこしていた

あれから10年も
この先10年も

振りむかない　急がない　立ちどまらない
君だけを　ぼくだけを　愛したときを
今も誇りに想うよ
ずっと誇りに想うよ

今までと違う自分になりたくって
前髪をそろえたり　服を着がえても
君がそばにいない淋しさ
自転車のペダルにも伝わってくよ

『大きくなったら　どんな人人になるの』
周りの人にいつも聞かれたけれど
時の速さについてゆけずに
夢だけが両手からこぼれおちたよ

あれから10年も
この先10年も

行きづまり　うずくまり　かけずりまわり
この街に　この朝に　この掌に
大切なものは何か
今もみつけられないよ

あれから10年も
この先10年も

振り向かない　急がない　立ち止まらない
君だけを　ぼくだけを　愛したときを

あれから10年も
この先10年も

行きづまり　うずくまり　かけずりまわり
この街に　この朝に　この掌に
大切なものは何か
今もみつけられないよ

1989 年 11 月 30 日、東京ドームで開催された「SUPER Flower bed BALL '89 秋 史上最大の学園祭」にて。豪雨と落雷で中止した西武球場「伝説のライブ」から 4 カ月後、スタジアムからスタジアムへ、想いをつなぐ大切なステージになった。詳細は P119 を参照。

（左）16th シングル『サマータイムブルース』ジャケット写真、1990 年。
（右）9th『悲しいね』ジャケット写真のアウトテイク、1987 年。どちらも渡辺美里を代表する重要な楽曲。曲調はまったく異なるが、歌詞から読み取れる「痛み」は彼女の本質かもしれない。

恋したっていいじゃない

作詞：渡辺美里　作曲：伊秩弘将　編曲：清水信之

ロードショー　泣きだしたこともある
交差点　裸足で踊ったこともある
知らないコト　知りたいコトありすぎて
チャンネル変えるだけじゃ博士になれない　いつの日にも
ひとりきりの　weekend
ひとりきりの　boy friend
街中のロミオとジュリエット
突然のサヨナラに　heart break
食べかけのフライドチキン　おとしそうになる
今日のメニュー　行き先も聞かないで
本当の自分をさがしたいの　みつけだすの

淋し気な　moonlight
傾いた　city light
言葉だけあふれる　telephone box
D・A・T・E　恋したっていいじゃない
up to date な　恋を woo woo
D・A・T・E　恋したっていいじゃない
I want you, I need you
D・A・T・E　泣いたっていいじゃない
ハートは石でもガラスでもない
D・A・T・E　泣いたっていいじゃない
ダーリン　駆け抜けて up to date

ダンスシューズ　ぬぎすてたこともある
目覚まし時計をこわしたこともある
ルーズな街のインチキにうちのめされても
流行のスタイルに流されないよ　急がなくちゃ

ひとりきりの　fight
センチメンタル　twilight
街中のロミオとジュリエット

D・A・T・E　恋したっていいじゃない
up to dateな　恋をwoo woo
D・A・T・E　恋したっていいじゃない
I want you, I need you
D・A・T・E　ころんだっていいじゃない
ひとつのクエスチョン　ひとりじゃ解けない
D・A・T・E　ころんだっていいじゃない
ダーリン　駆け抜けてup to date

D・A・T・E D・A・T・E
D・A・T・E D・A・T・E
D・A・T・E D・A・T・E

D・A・T・E　恋したっていいじゃない
up to dateな　恋をwoo woo
D・A・T・E　恋したっていいじゃない
I want you, I need you
D・A・T・E　泣いたっていいじゃない
ハートは石でもガラスでもない
D・A・T・E　泣いたっていいじゃない
ダーリン　駆け抜けてup to date

1980's POSTER COLLECTION

1980年代の主なポスター。『IT'S TOUGH』のジャケットと、同時期に開催されたツアー・ポスター「MISATO & THE LOVER SOUL SKIP TOUR」は同じビジュアルで撮影された。また、この頃はバンド名「THE LOVER SOUL」が記載されている。

thanks
for
one million
sellers
misato·ribbon

thanks
for
one million
sellers
misato·ribbon
'88·5·28 release now on sale album

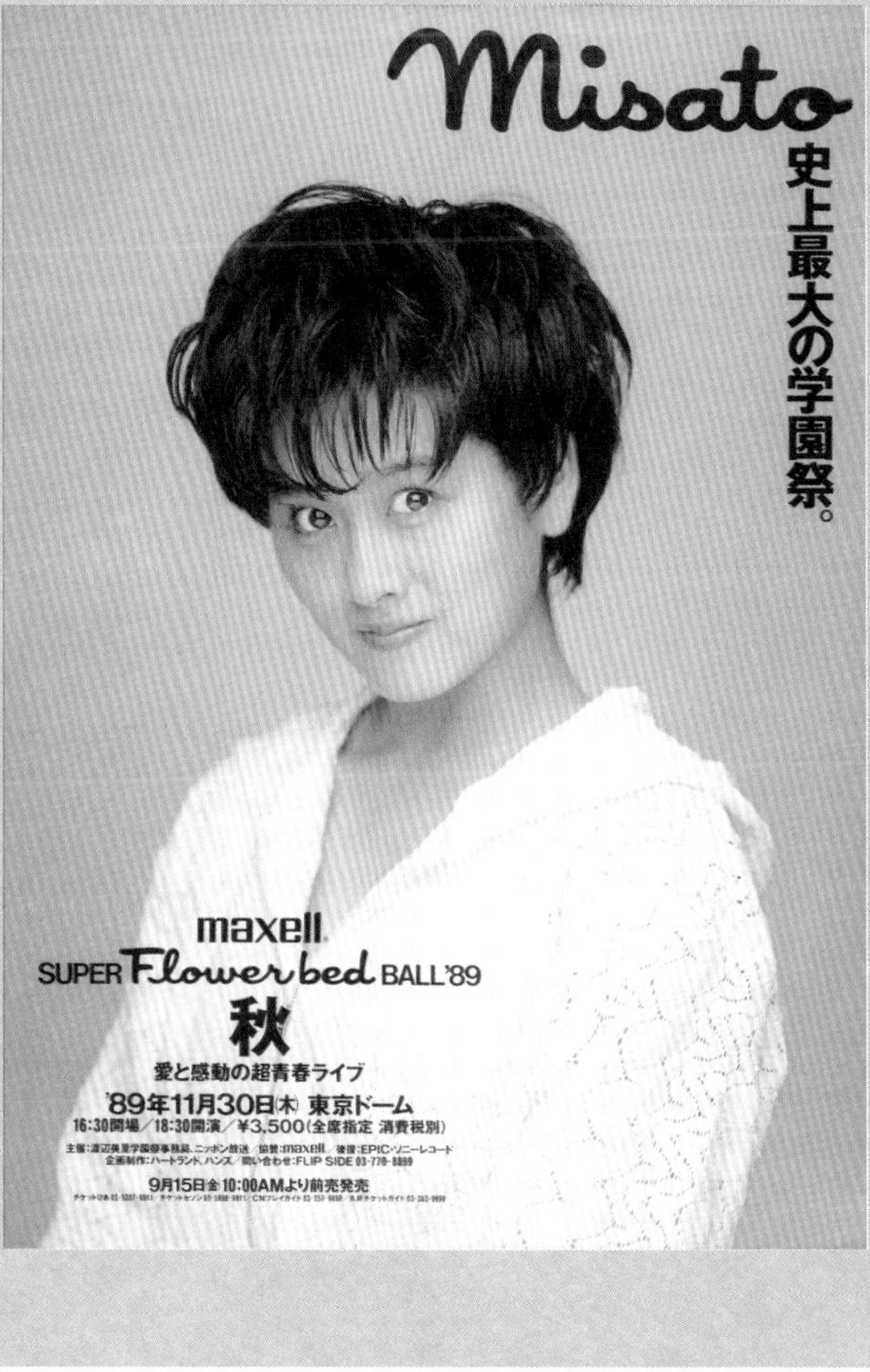
Misato
史上最大の学園祭。
maxell
SUPER Flower bed BALL'89
秋
愛と感動の超青春ライブ
'89年11月30日(木) 東京ドーム
16:30開場／18:30開演／¥3,500(全席指定 消費税別)
主催：渡辺美里学園祭事務局、ニッポン放送／協賛：maxell／後援：EPIC・ソニーレコード
企画制作：ハートランド、ハンズ／問い合わせ：FLIP SIDE 03-770-8899
9月15日(金) 10:00AMより前売発売

Misato

第2章
美しい季節——スタジアムアーティストとして

MISATO'S CHRONICLES

【1990年代の主な出来事】

★90 年 5 月、16th シングル『サマータイムブルース / Boys kiss Girls』リリース。
8 月、西武球場公演に合わせて「misato train」と称した貸切レッドアロー号が西武線を走る。

★91 年 6 月、20th シングル『夏が来た！』リリース。

★95 年 7 月、初のベストアルバム『She Loves You』リリース。

★96 年 7 月、エッセイ集『ロックのハート』出版。

★99 年 5 月、初のフルオーケストラコンサート『misato '99 春 うたの木』開催。
★99 年 8 月、西武球場がドームになり、西武ドームにて 14 年目の公演。

みんなここから羽ばたいていった

『悲しいね』のひとつ前に出したのが『IT'S TOUGH/BOYS CRIED（あの時からかもしれない）』という曲で、書いてくれたのは伊秩弘将さん[37]でした。のちに大プロデューサーになられて、やっぱり見ている人はちゃんと才能ある人を見ているんだなと思わされますが、初めてお会いした時はまだヒットメーカーになる前でした。伊秩さんも、小坂さんが「面白い人がいる」と連れてきてくれた方です。「こんなこともできる、こんな変化球も投げられる」という感じですごく良かったんですよね。

恋くらいしたっていいじゃん、ねえ？

この方とならがっちり組めそうだという信頼関係が構築された頃にできた曲

37 伊秩弘将……渡辺美里「IT'S TOUCH/BOYS CRIED（あの時からかもしれない）」で作曲家デビュー。森高千里『NEW SEASON』で作詞家デビュー。のちにヴォーカル&ダンスグループSPEEDをプロデュース。

が『恋したっていいじゃない』[38]です。まずは、ベイ・シティ・ローラーズ[39]の『サタデー・ナイト』のような楽曲を、ということが念頭にありました。つまり「S・A・T・U・R・D・A・Y night」というフレーズのようにみんなで歌える曲、それでいてライブで映える曲ということです。

たしか、伊秩さんが最初につくってくれたデモは、伊秩さんのピアノの癖を活かした裏拍の曲だったと思います。仕上げていくうちにディレクターの山口三平さん[40]が「オモテにしたほうが良いんじゃないか？」と提案して、より王道をいく楽曲になったと記憶しています。

その頃は、年がら年中スタジオに入っていました。ある時、控室でスタッフがテレビを見ていて、芸能人の恋愛だか不倫だかの芸能ニュースが流れていたんです。そこに私が通りかかって『恋くらいしたっていいじゃん、ねえ？』と言って次の作業に移っていったらしいんです。それを聞いた小坂さんが「それ面白いね、それで歌つくり」と拾ってくださったんですね。どこを面白いと思ってくださったか正確にはわからないけど、「私も恋がしたい！」じゃなくて「いいじゃん、恋くらいしたって」と、少し外から見ている感じが小坂さんのアンテナにピンときたのかな。

38　『恋したっていいじゃない』……1988年リリースの10thシングル。作曲は伊秩弘将、作詞は渡辺美里。アルバム『ribbon』収録。

39　ベイ・シティ・ローラーズ（Bay City Rollers）……イギリスのポップロックバンド。代表曲に『朝まで踊ろう（Keep on Dancing）』『バイ・バイ・ベイビー』『サタデー・ナイト』など。美里曰く『ストーンズの真逆のような人たち』。

40　山口三平……エピックソニーのディレクター。渡辺美里の他にTM NETWORKやISISなどの制作を担当。サックスプレイヤーでもあり、The Shiny Stockings、吾妻光良 & The Swinging Boppersなどで活動中。

それで、恋といえばデートかな、ということで「D・A・T・E 恋したっていいじゃない」というフレーズができました。

今思えば、「恋したっていいじゃない」という言葉自体、すごくキャッチコピー的な要素を持っていますよね。いまだにライブではイントロが始まった途端「待ってました！」という感じでみなさん盛り上がってくれます。何でも言ってみるもんですね（笑）。

自分の言葉の感覚では、いざ机の前に座って歌詞を書こうと思っても「恋したっていいじゃない」というフレーズは出てこなかったと思います。小坂さんが「それ良いね」とトスを上げてくれなければ生まれなかったものです。何年経っても男女関係なく受け入れられる曲になったのは、そうしたウェットではない客観的な言い回しが大きな要因だったのではないかと思います。今恋をしている人はもちろん、恋をしていない人にもわかる感覚だし、たとえば昔、誰かにこの曲を聴いてほしくて車のなかでかけた、というような経験を経て今に至る人たちもいる。「自分の思い出の曲です」と言ってくれる方が多い曲ですね。

ひとりきりのファイト

歌詞は、まず手書きで書いて、それからパソコンに打ち直します。いったん寝かせるんですね。自分の文字で書いただけでは、それだけで説得力があるような気持ちになってしまうから。活字に起こして、時間を置いて熟成させて、それから客観的に検討します。そうしてまた手書きで推敲していく。最近はずっと頭のなかでメロディが鳴っていて、寝る前にふっと浮かぶことがあるので、その時はスマホにメモすることもありますね。

『恋したっていいじゃない』は、サビ以外の部分は「書くぞ！」と机の前に座って書きました。だから階層の異なる歌詞が混ざっていると思います。サビの「D・A・T・E　恋したっていいじゃない」に対して、二番のAメロの「ルーズな街のインチキにうちのめされても　流行のスタイルに流されないよ」という箇所なんかはちょっと雰囲気が違いますよね。

いちばん輝かせたいところをしっかり輝かせるためには、情景や匂いなど、ステップになる言葉がたくさん必要です。すべてのパートに言いたいことをぎっしり詰めてしまうと、なかなか入ってくる歌詞にならないんです。

そのあとの「ひとりきりの fight センチメンタル twilight」は韻を踏んでいるけど、実はこの歌詞の通りに歌わなかった時期もあります。35年間のうち、一緒に仕事したい人たちと一緒にいられた時期とそうではない時期があって、後者の時期はマネージャーの関野さんと私と、一部のスタッフだけの少数で戦っていました。そういう時期のコンサートでは「センチメンタル twilight」を歌わないで、

「ひとりきりの、ノァーーーーーーーーーイト！」

って歌ってるんです（笑）。

小坂さんはよく「みーちゃん、あの時はファイトしか歌ってへんかったな」と言っていましたが、そういう時もあったんです。

こうやっていちばん言いたいポイントは少しずつ変わっていきますね。でも、基本はみんながライブでいちばん盛り上がれる曲というつもりでつくったし、今でもその生命力は生きていると思います。

ただ、ありがたいことにそういう曲が増えてきたから、ライブでやらないと「今山はあの曲をやってくれなかった」「なんで僕の思い出の歌をやってくれないんですか！」と言われるのでちょっとだけ困っていますが（笑）。でも贅沢でポジティブな悩みですよね。

「あれから10年」と思い続けて30年経ちました

そういう意味では、『10 years』[41]がこんなにみんなに愛してもらい、長く歌い続けることになるとは、当時はまったく思っていませんでした。歌手になるとはっきり決めた10歳の頃から10年、という内容の歌詞ですが、もしかしたらそんなことすら考えていなかったかもしれない。

小さい子供が妙に大人びた歌を歌うことがありますよね。私が子供の頃だったら「あなたに抱かれて私は蝶になる（森山加代子『白い蝶のサンバ』）」とか「あなたと逢ったその日から恋の奴隷になりました（奥村チヨ『恋の奴隷』）」とか、大人が聞いたらハッとするような「どこで覚えてきたの？」と思うような歌を。今思えば、22歳の私が「あれから10年も」と歌うことは、それと同じようなことなんです。なーんにも考えてなかった（笑）。

今では「あれから10年、と思い続けて30年経ちました……」なんて言ってくださる方もいるけど、そういうつもりで曲をつくった記憶はありません。あの頃から10年単位でものを考えていたわけでも全然なかったと思います。発表直後はそれほど人気がある曲ではなかった気がするし。

41　『10 years』……1988年リリースの12thシングル『君の弱さ』のカップリング曲。作曲は大江千里、作詞は渡辺美里。アルバム『ribbon』収録。

時間が経つにつれ熟成されて、10年モノや20年モノの味わい深さが出てきた曲です。聴いてくださる方々それぞれの人生と重ね合わせやすい題材だったんでしょうね。

ベスト盤のためにリクエストを募ると、いつも圧倒的に『10 years』が人気1位でした（ただ、最近はまた少し様相が変わってきたようで……。2020年にリリースする『harvest』というベスト盤はみなさんによる投票で収録曲を選んでもらったんですが、「自分がリクエストしなくてもこの曲はどうせ選ばれるでしょ」と思うのか、なんだかこれまでとは違うマニアックな選曲が増えたんです。最終的には『10 years』もちゃんと入ったけれど、1位ではなかった。これは1位を「脱落」したと考えたほうがいいのか、それとも「殿堂入り」と言うべきなのか？）。

ともかく、当時は代表曲になるとは全然思っていなかったんです。そもそも『君の弱さ』という曲のカップリング扱いでしたから。

この頃は、すべての作品が怒濤（どとう）のスケジュールで制作されていました。時間をかけて制作できるようになったのは『オーディナリー・ライフ』[42]や『ID』あたりからです。

42　『オーディナリー・ライフ』……2015年リリースの19thアルバム。YO-KING（真心ブラザーズ）や山口隆（サンボマスター）、Caravanなどが参加している。

作曲してくれた千里さんも大忙しでした。当時の千里さんは、ピアノの上にカセットを置いてデモを録音していたんです。「ガチャ」っていうスイッチを入れる音まで入ってるんですよ。途中で電話がかかってきて中断するところまで全部録音されている（笑）。その時のカセットは……もう残っていないかな。つくっている最中はその過程を残そうなんて思っていないから。

未公開テイクはしばしば貴重なものとして扱われますよね。「幻の楽曲」なんて言われることもあります。でも私の場合、もし自分の死後にそういうものが発見されたとしても、世には絶対に出さないでほしい。だってそれはＯＫテイクじゃないんだから。ロンドンの大英博物館なんかにはベートーベンやモーツァルト直筆の譜面が残っていて、そういうのを見るとそれぞれの性格が出ているのがわかるし、曲に残っていないドラマを感じられて面白いけど、それはベートーベンやモーツァルトだから面白いのであって、私のは出してほしくない。

でもきっと、いつか誰かが出しちゃうんだろうなあ……。

絶対イヤ！

トラブルの時こそ「転調民族」としての手腕が発揮される

『ムーンライトダンス』[43]は小室さんとのコンビが熟した頃の曲。今でもライブで歌うと、『恋したっていいじゃない』とは違う種類のざわめきが起きて盛り上がる曲です。静かに熱くなる感じかな。やっぱり小室さんがつくるメロディの粋さを感じますね。

この曲には、歌じゃなくて楽器で弾いてもいいのにと思うようなパートがあって、そこにどう言葉を当てはめるか考えた記憶があります。そうして「Old Fashioned Love Song for you」という言葉が出てきました。当時からラジオをたくさんやっていたこともあるし、スリー・ドッグ・ナイト[44]の『オールド・ファッションド・ラヴ・ソング』もおそらく頭にあったんでしょうね。それで「ラジオから流れてくる　あの　Old Fashioned Love Song」という冒頭の歌詞ができて、ここから広げていった気がします。

いくつかの西武球場ライブでは「遠くで　雷が鳴った」と歌ったら本当に雷が鳴るし、生放送のテレビ番組「夜のヒットスタジオ」[45]では音源トラブルで音が消えてしまうし、何かと「持っている」曲なのかもしれません。

43　『ムーンライトダンス』……1989年リリースの13thシングル。作曲は小室哲哉、作詞は渡辺美里。アルバム『Flower bed』収録。

44　スリー・ドッグ・ナイト（Three Dog Night）……アメリカのロックバンド。ダニー・ハットン（Danny Hutton）、コリー・ウェルズ（Cory Wells）、チャック・ネグロン（Chuck Negron）という3人のヴォーカルを擁するバンド。『オールド・ファッションド・ラヴ・ソング』（An Old Fashioned Love Song）は1971年発売のアルバム『Harmony』に収録。同年11月にシングルカットされ、ビルボードチャートで全米4位。カーペンターズへの楽曲提供などで知られるシンガーソングライターのポール・ウィリアムズ（Paul Williams）による作曲。

「夜ヒット」の時は、オンエア上はちゃんと音が出ているものだと思っていました。歌い終えてから司会の古舘伊知郎さん[46]に「よく歌えたね」と言われてハッとしたんです。

モニターの返しはまったくなかったけど、だからといって歌えないなんて言い訳にならないですから。見ている方、聴いている方にとっては関係ないこと。いつだってスタッフのみなさんを信用しているし、モニターも完璧な状態であってほしいけれど、モニターが不調だから歌えない、なんてことは一度も言ったことがありません。

あの時は小室哲哉さんが弾くキーボードの音だけを頼りに歌ったんだと思いますが、これだけ転調する曲をしっかり歌えたことは「転調民族」の私としては逆に本望でした。

小坂ファミリーとしての岡村靖幸

『虹をみたかい』[47]は岡村さんが書いてくれた曲ですね。岡村さんとも長い仲で、デビューアルバム『eyes』に収録した『GROWIN' UP』『すべて君のため』『Bye Bye Yesterday』を書いてもらったことが始まりです。

45　夜のヒットスタジオ……1989年7月12日に放送された『夜のヒットスタジオDELUXE』。1970年代〜1980年代を代表する音楽番組のひとつ。この日はTM NETWORKとして出演した小室哲哉とともに『ムーンライトダンス』を披露した。なお、この日は美里の23回目の誕生日でもあり、出演者全員で彼女を祝うというサプライズもあった。番組からバースデーケーキ、TM NETWORKからは巨大なクマのぬいぐるみ、大江千里からは花束が贈られた。

46　古舘伊知郎……フリーアナウンサー、タレント。1985年から1990年まで『夜のヒットスタジオ』の司会を務めた。音源トラブルで音が消えてしまうというハプニングの中で歌い切った美里に対して、「プロ！　普通歌えませんよね、あの状態で」と声をかけた。

47　『虹をみたかい』……1989年リリースの15thシングル。作曲・編曲は岡村靖幸、作詞は渡辺美里。アルバム『tokyo』収録。

当時のエピックには、私のプロデューサーだった小坂さんと山口三平さんのグループと、のちにエピックの社長になる小林和之さんが担当していた鈴木雅之さん[48]や大澤誉志幸さん[49]の班がありました。岡村さんはたぶんその両グループにカセットを送っていたと思うんですが、デモを聴いた小坂さんから「おもろい奴がいる」とカセットをわたされたんです。聴いてみたらすごく新鮮だったので、「この曲、歌いたいです」と小坂さんにお願いしました。

まだデビューする前の青年・岡村さんは、暇だったのか寂しかったのか、あるいはそれが楽しかったのか、自分の曲のレコーディングじゃない時にもスタジオに来ていました。「今日、岡村くんの曲じゃないよ？」と言ってもずっとスタジオにいるんです。大村雅朗さんがアレンジしている間も「フォー！」とか「ベイビー！」とか言いながらずっと横にいて。出会った頃から一癖も二癖もある人でした。

きっと彼は言わないだろうけど、あの時期、私の周囲にいた素晴らしいスタッフさんたちの仕事を見て、彼なりにレコーディングを学び、社会を学んでいったんだと思います。私が高校生の頃にＴＭや千里さんのスタジオに遊びに行っていたように。その後は同い歳の尾崎豊さん[50]や吉川晃司さん[51]と仲良くなって、よく一緒に遊んでいました。

48　鈴木雅之……ラッツ＆スター（シャネルズ）のメンバー。『め組のひと』『Ｔシャツに口紅』など多くのヒット曲をリリース。ソロとしての主な代表曲は『ガラス越しに消えた夏』『もう涙はいらない』『違う、そうじゃない』など。愛称は「マーチン」。

49　大澤誉志幸……『そして僕は途方に暮れる』などの大ヒットでシンガーとしての地位を不動のものにしながら、鈴木雅之などのプロデュースや、吉川晃司など多数のアーティストへ楽曲を提供。

50　尾崎豊……シングル『15の夜』とアルバム『十七歳の地図』で高校在学中にデビュー。代表曲『卒業』『I LOVE YOU』『OH MY LITTLE GIRL』など多数。歌手の尾崎裕哉は息子。

51　吉川晃司……シングル『モニカ』で1984年にデビュー。代表曲『LA VIE EN ROSE』『You Gotta Chance』など多数。俳優としても活動し、『下町ロケット』の財前部長役などが有名。

岡村さんのデビューが決まった日のことは覚えています。代々木のスタジオでアルバムのレコーディングをしていた時、スタジオで踊っていた岡村さんを見た小坂さんが、「岡村もな、良い曲書くし、踊りもええ感じやし、デビューさしたるわ」と言ったんです。そうしてデビューが決まりました。

そのお祝いに、近くのお店に食事に行きました。私も岡村さんも当時はあんまりお酒を飲めません。でもこれなら飲めるだろうということで「これ飲んでみなよ、おいしいから」って私がすすめたのがカルアミルク[52]でした。そんな頃からの付き合いです。

その後の彼のキャリアは「サブカルの人」という感じで見ていました。存在的には無名の頃からサブカルチャー的なところがあって、『GROWIN' UP』にしても『虹をみたかい』にしても、本来メジャーど真ん中のヒットチャートにあがるものとは違う匂いを持っている曲だと思うんです。音もリズムも尖っていて、だからこそ岡村さんとの曲は面白いものになったと思っています。

『虹をみたかい』の歌詞は、日本語としては正しくない言葉の羅列かもしれないけど、リズムとして聴こえるように意識して書きました。タイトルはＣＣＲ[53]の楽曲『雨を見たかい（Have You Ever Seen the Rain?）』から連想した記憶があります。これだけ尖ったメロディとリズムの曲にはスタンダードな言葉

52　カルアミルク……コーヒー・リキュールのカルアをミルクで割ったカクテル。1990年にリリースされた岡村靖幸の14thシングルのタイトルが『カルアミルク』であり、岡村の代表曲となった。

53　ＣＣＲ……クリーデンス・クリアウォーター・リバイバル（Creedence Clearwater Revival）の略称。アメリカのロックバンド。サンフランシスコ出身でありながらサザン・ロックの先駆者的存在として知られる。

を乗っけてみようと思って。

リリース時期は、雨で中止しなければならなかった4回目の西武球場ライブと、初めて東京ドームで開催したライブ「SUPER Flower bed BALL '89 秋 史上最大の学園祭」の間です。雨のあとにスタジアムからスタジアムへ虹の架け橋をかけるという想いを込めました。

伊秩さん、小室さん、千里さん、岡村さん、みな多くの人に愛され尊敬されるメロディメーカーであり詩人です。そういう人たちとヴォーカリストとして出会えたのはとてもラッキーだったと思っています。

スタジアムの経験から生まれた夏の定番ソング『サマータイムブルース』

『サマータイムブルース』[54]は、小坂さんと三平さんに「自分のなかに歌いたい想いがあるんだから、美里も曲つくったら?」と言われてつくった曲です。私は千里さんみたいにメロディと言葉がいっぺんには出てこないので、最初はでたらめ英語や「ららら」で歌いながらつくっていきました。ただ、リズムを出したいとは思っていたので、意味はないけど跳ねる言葉を合わせていったと思います。たしか最初にできたのはBメロの「夏の海のうねりのように」で、歌

54 『サマータイムブルース』……1990年にリリースされた16thシングル。作詞作曲は渡辺美里。編曲は奈良部匠平。アルバム『tokyo』収録。

詞を入れる前は「微分積分タ～ララララ♪」と歌っていました。はじめから意味のある言葉を入れてしまうと、あとで歌詞を書く時に引っ張られてしまうので。

この微分積分の歌（?）を形にしてくれたのが、『恋するパンクス』[55]を作曲してくれた奈良部匠平さん[56]。フィル・スペクター[57]の「ウォール・オブ・サウンド」を参考にアレンジしてくれました。とっても個性的で、その後私のなかでスタンダードになった曲です。イントロを聴いただけで夏の到来を感じてもらえる楽曲になったと思っています。

やっぱりこの曲は、後述するように、いつまで続くかわからなかったけど毎年夏にコンサートをやってきたこともあって、夏の定番ソングを求めてつくりました。スタジアムの経験が自分にこういった曲を必要とさせたのだと思います。

『サマータイムブルース』というタイトルの曲は、これまでに数々の先輩方が歌ってきたものです。それらとは少し違う、私なりのサマータイムブルースを目指しました。キラキラしているけどちょっとキュンとくるというか。夏の一瞬の輝きが胸を刺す感覚、終わってしまう寂しさ、ただスコーンと抜ける爽やかで明るいだけの夏ではなく、そこに痛みを乗せたかったんですね。だから歌

55　『恋するパンクス』……6thアルバム『tokyo』収録。作曲は奈良部匠平、作詞は渡辺美里。

56　奈良部匠平……米米CLUB、今井美樹、吉川晃司、福山雅治など多くの著名アーティストを手がけたプロデューサー、作曲家。1990年代よりアメリカの音楽業界でも活躍。ミュージカルや劇伴、CM・TV音楽など幅広いジャンルで活躍。インディー・レーベルL'atelier Clair Inc.ファウンダー。和太鼓チームDrum TAOの音楽監督も務める。

57　フィル・スペクター（Harvey Phillip Spector）……おもに1960年代から1970年代にかけて活躍したアメリカの音楽プロデューサー。多重録音を重ねて重厚な音をつくりあげる「ウォール・オブ・サウンド」と呼ばれる制作方法が有名。

詞の内容は結構、悲しい。

ここには光と影があると思っています。どこか、楽しいだけではないドラマを記したがる自分がいるんでしょうね。

ボン・ジョヴィと大江千里

『夏が来た！』[58]は、大江千里さんと一緒に観たボン・ジョヴィ[59]のコンサートに影響を受けています。千里さんとボン・ジョヴィなんてまったく結びつかないように思えるけど、あの時はものすごく盛り上がっちゃって。

「千ちゃん、ボン・ジョヴィみたいな曲書いてよ！」

「うん、わかった！」

と言って書いてくれたのがこの曲です。

できた時は「ウォウウォウォウウォウのとこだけじゃん！」とか思ったんだけど（笑）、メインのメロディではなく曲のエンディングでシンガロングできることが千里さんのなかで強く残っていてこういう形になったんだと思います。

ちょうど西武球場ライブが夏の風物詩と言ってもらえるようになり、「来年も待ってます」と言ってくださる方が増えてきた時期だったので、「本当の夏

58　『夏が来た！』……1991年リリースの20thシングル。作曲は大江千里、作詞は渡辺美里、編曲は大村雅朗。アルバム『Lucky』収録。

59　ボン・ジョヴィ（Bon Jovi）……アメリカを代表するハードロックバンド。代表曲『Livin' On a Prayer』『Have a Nice Day』『It's My Life』など多数。2018年にロックの殿堂入り。

が来たって言っちゃえ！」と思ったんですよね。
やがてこの曲は西武球場ライブを象徴する曲になっていきました。

私、夏が好きなんです。夏生まれということもあるし（7月12日生まれ）、昔から夏はドラマチックなことが起きる季節だと思っていました。子供の頃は京都の祖父母のおうちに帰って、東京ではできない虫捕りをするのが好きでした。東京から来た知らない子、という目で見られることも新鮮に感じていました。寒いのはすごく苦手で、今でも毎年夏が来るのを楽しみにしています。
ただ、このところの夏は恐ろしいほどの暑さですよね。地球温暖化は西武球場で体感するようになりました。いつの頃からか「……今までの夏と違う？これは危ない」と感じるようになったんです。2018年に13年ぶりに西武でミニライブをやった時の暑さは、はっきり言って昔の比ではなかったです。

地球は確実に暑くなっています……。

サマータイムブルース

作詞・作曲：渡辺美里　編曲：奈良部匠平

天気図は　曇りのち晴れの予報　週明けの第三京浜　選んだ
流れる雲の切れ間から　吸い込まれそうな　青空

眩しい太陽　標的にして　フリスビー　遠くに　シュルル　飛んでゆく
波打ちぎわ　黒い犬が　ジャンピングキャッチ　している

夏の海のうねりのように　今でもきみ　おもっているよ
とりのこされたの　私のほうで　きっと自由になったのは　きみね

メリーゴーランド　光の中　回ってる　砂浜で　ボール遊び子供達
おろしたてのあの日のスニーカー　白すぎて恥ずかしかった

最後のゴールころんだ時の　傷跡はまだ　傷みますか
寂しいとき　すぐに会えると　そっと笑って　別れたけれど

サマータイムブルース　サマータイム　ブルース
次の波　やってきたら
サマータイム　ブルース　もう一度　駆け出すよ　裸足のままで
サマータイムブルース　二人の気持ちは一つだった

夏の海のうねりのように　今でもきみ　おもっているよ
とりのこされたの　私のほうで　きっと自由になったのは　きみ
最後のゴールころんだ時の　傷跡はまだ　傷みますか

サマータイム ブルース　サマータイム ブルース
見えない永遠よりも
サマータイム ブルース　すぐそばの　きみと今日　信じていた
サマータイム ブルース　サマータイム ブルース
何かを変えてゆけたら
サマータイム ブルース　この夏は　裸足のままで　裸足のままで
たどりつけるはずね　サマータイム
サマータイム ブルース　サマータイム ブルース
次の波　やってきたら
サマータイム ブルース　もう一度　駆け出すよ　裸足のままで
サマータイム ブルース　サマータイム ブルース

いかにして西武球場ライブは始まったのか

西武球場ライブの話を最初に聞いたのは1985年の10月。TBSの『スーパーギャング』というラジオ番組を担当し始めた頃で、その時はリクエストのハガキを選んでいました。ものすごい量のハガキが来ていて、でも全部読まないと気が済まないから集中していたんです。採用するハガキは右端を折って、楽曲リクエストを書いてくれている人には大きく丸をつけてとやっている時、マネージャーの関野さんに「来年の夏に西武球場でコンサートができるみたいなんだけど、やってみる？」と言われたんです。ハガキを読みながら「うん、やってみる」って言ったのを覚えています。正直言うと、なんとなく答えちゃったんです。

いかにして西武球場ライブは始まったのか？　私のなかでの答えは「なんとなく」です（笑）。

もし私が野球ファンで西武球場を知っていたら「えーっ！」というリアクションだったかもしれないけど、「西武球場」と言われても具体的なイメージが湧きませんでした。キャパシティが何人でバンドメンバーは誰で、ということも全然わからない時期でした。

その後しばらくして『Gb』や『PATi PATi』といった雑誌に掲載された西武球場ライブの広告を見て「大丈夫かな、人来るのかな……」とあたふたしていた気がします。

今考えてみれば、ものすごいギャンブルだったと思います。だってまだ『eyes』しか出していないんですよ。『My Revolution』すら出していない。関係者のみなさんは何を根拠に私にやらせようと思ってくれたんでしょうか？[60]

その時は期待されているとすら思っていなかったので、まさか20年続くなんて想像もしていませんでした。高校球児のように「今しかない！」という気持ちで全力でした。「今しかない！」と思っていたからこそ、来年もどうですかというお話をいただいて2年目が決まり、それが続いて20年にもなりました。

60　もちろん、マネージャーの関野氏は、美里がハガキに集中しているタイミングを狙って西武球場ライブの話を持ちかけた。関野氏によると、当時の事務所ハートランドとしては、絶対に渡辺美里でいくという方針だったのだという。
「新宿ルイードでのライブは、アルバム1枚しか出していないとは思えないほどのお客さんが集まってくれました。私はたまたま前の年に同じ会場で開催された尾崎豊さんのライブを観に行っていて、その時も会場はお客さんでパンパンになっており、『やっぱり尾崎豊ってすごいな』と感じていたんですが、それよりもさらにたくさん人が集まっていたんです。すると我々としても肌感覚でわかるわけです、渡辺美里はちょっと次元が違うぞと。だから1年後に西武球場が使えるとわかった時『美里でしょ！』という雰囲気があったんです。他の所属アーティストに西武球場ライブを提案することもあり得たのでしょうが、あのルイードでのライブを経て、若い人たちがものすごい熱量で集まってくるという現象を体験してしまったから、会社としては間違いなく渡辺美里というムードでした」（関野）

日本の女性ソロシンガーとして初の試み

いまの僕がこうやって音楽活動を生業にできたのはあの人のおかげなので。彼女との出会いが無ければ、ありえなかったし。彼女がいたから楽曲が出てきたわけですから、そこは個人的には多大なる影響ですよね。

（中略）

彼女は彼女で、スタジアムとかで一度に多くの人間に聴かせるというような形を作った、女性では初めての人なんじゃないのかなあと思いますね。僕もサポートで1回参加したことがあるんですが、女性1人が何万人対1人ということをやるのは画期的なことだったと思うので。

（中略）

そういうのは、男性アーティストの、すごいシャウトするような、というかアジテーションですよね。そういう人がやるものっていう、そこをブッ壊したんじゃないかなと思いますし。いまでこそ女の子が「アリーナ！」とか、叫びますよね。「2階席、元気ー」とかって。そういったことを言い始めた人、最初に始めた人なんじゃないかと思いますけどね。それまで、その規模でやれた人がいなかったと思うので。ああいった言い方を、MCというよりは盛り上げ方の手法を日本で生み出したのは彼女なんじゃないかなあと思いますね。

（名盤ライブ『eyes』渡辺美里 THE BOOK[61]、P38、小室哲哉のインタビューより）

「アリーナ！　スタンド！」という言葉は、やろうと思っていたわけではなく自然に出てきたものです。デビューした翌年にスタジアムという大きいところに入れてもらったから、もう自然と「大きいなあ」と思って。

本番に臨む前に「こういうことを言おう」「こうやって盛り上げよう」とは考えませんでした。当時から予定調和がものすごく嫌だったんです。「これを言おうと準備して来たんだな」というものに対してアレルギーがあります。失礼なことさえ言わなければ、その時に感じたことをパーンと返せる自分、語れる自分でありたいと常々思ってきました。だから初期のライブから「何曲目の後にＭＣ」とだけメモしておいて、内容はその場で感じたことを喋っていました。ガチガチにＭＣの内容を決めたことは一度もありません。

私はあまり自分の映像を見るほうではないんだけれど、アルバム『ＩＤ』の初回特典盤に最初の西武球場ライブの映像を入れたので、その時にまとめて過去の映像を久しぶりに見たんです。

なんというか……「この子、根性すわってんな」と思ってしまいました。なんであんなに堂々としていたんでしょう？（笑）

緊張はしていたと思います。それは今でもそう。「どうしよう、どうしよう……」って、今でも家では緊張でのたうちまわっていますから。でも「どうし

61　名盤ライブ『eyes』渡辺美里 THE BOOK……2016年に開催された、音楽シーンに大きな足跡を残したアルバムを全曲再現する「名盤ライブ」企画の際に、来場者全員に配られた限定本。「キーパーソン」となった数々の関係者インタビューやマルチテープ解説、ジャケット制作秘話や『eyes』リリース当時のインタビュー再録など、貴重で充実した内容。完全限定版のため入手不可。

よう」と思ったところでやることは決まっているわけだし、そのために時間をかけて準備をしていくわけです。

基本的に、コンサートは一生に1回のものだと思っています。繰り返し来てくださる方もありがたいことにたくさんいるけれど、今日会えるのは一生に1回だけ。そう思ったら、「今日は今までいちばん良かった」という思いを持って帰ってもらえるようにしたいといつも思っています。

最初の西武球場の時にあれほど堂々としていたのは、ゾーンを超えたからなのかもしれません。事前に極限まで緊張しきったから。自分のなかにストンと落ちるところまでしっかり準備できればそういう状態になるのではないでしょうか。

ライブパフォーマンスには私の素がそのまま出ています。その上で実際にライブを重ねながら、やりながら学んでいった結果こうなったんだと思います。

歌もそうですね。ライブでの歌は、本当にライブを重ねていくうちに自分で手にしたものだという感じがします。もちろん発声練習などは10代の頃から続けていたけど、単に高い声や大きい声を出すことではなく、言葉が届く歌い方は、まさに西武球場でやりながら学んだものだと思っています。

「言葉を届ける」ことを学んだラジオの仕事
知らず知らずのうちに「話す」ことを教えてくれた母と祖母

言葉を届けることに関して言えば、西武球場と同じくらい重要だったのがラジオの仕事。元々は喋ることが得意ではなかったのに、自分でも驚くほどたくさんラジオの仕事をやらせていただきました。ちょうどFM局があっちこっちにできた時代でもあったので、月曜はTBSの深夜[62]、水曜は「ザ・大阪」とでも言うべき『ヤングタウン』[63]、金曜は当時できたばかりのFm yokohama[64]。他にも収録番組がいくつかありました[65]。

こうしたラジオの仕事を通して、さらにたくさんの素晴らしい音楽と出会いました。リスナーのみなさんからいただいたハガキを読みながら、気になった曲を何度でも繰り返し聴いて自分のなかに入れていく。

そういう経験を重ねて気づいたのは、たとえ日本語以外の言語で歌われている曲でも、素敵な内容を歌っているとわかる曲がある、ということです。言葉が届く曲があるんですね。自分の曲でもそうしたい、言葉が届く歌を歌いたい。

こうした気持ちは西武とラジオで学ばせてもらったと思っています。

62　「渡辺美里のスーパーギャング」。1985年10月〜1987年5月、1989年6月〜1991年6月。

63　MBS「ヤングタウン」水曜日。1985年4月〜1987年3月。

64　「渡辺美里のノーサイドステーション」。1985年10月〜1987年9月、1995年4月〜1996年3月、2009年6月。

65　『渡辺美里 ごきげんデイト（ニッポン放送）』『渡辺美里 虹を見たかい（TOKYO FM）』『ミュージックスクエア（NHK-FM）』『FMK MISATO 20 RADIO MIX（FMK）』『渡辺美里のオールナイトニッポン（ニッポン放送）』『小堺一機と渡辺美里のスーパーオフショット（ニッポン放送）』など、1980年代から現在まで多数。

ゲストの方を呼ぶ場合は、事前にその方の情報をたくさん自分のなかに入れておきます。でもその通り答えてもらうのではなく、そこからもっと話を展開させようとする。「きっとこの話をしてくれるんだろうな」と思いながらも、場合によってはそれをあえてこちらからは言わないでおく。準備を重ねたその先にあるライブのやり取りが好きなんですね。

喋ることは本来得意ではなかったけど、私の話を聞いてくれる人が幼い頃から身近にいたことは大きいかもしれません。母が、子供の頃の私の話を聞くのが楽しかった、とよく言うんです。台所で食器を洗い、拭きながら、その日学校や習い事であったことを私が順序立てて話すのを聞くのがすごく楽しかったと。祖母も似ていて、「ごめんからさいならまで聞かしてや」とよく言っていました。「ごめんください」から「ほな、さいなら」まで、つまり最初から最後までどんなことがあったか聞かせて、ということですね。

そうした母や祖母を持ったことで、知らず知らずのうちに「聞いて聞いて」というのはあったかもしれない。それと同じくらい、いやそれ以上に、人のお話を聞くことも好きでした。

豪雨と落雷で中止した4年目

2年目の西武球場ライブでは、前の年にできなかった細かい演出に力を入れました。でも雨が降っていて、準備してきたことがじゅうぶんに出せなかったんです。先にも少し書きましたが「〇〇だから××ができなかった」というのはこちらの都合であってお客さんには関係ないことですよね。その後悔を残すのがすごく悔しかった。雨が降ろうが降るまいが、どちらにしろ満足してもらえるものをつくろうと強く思いました。

3年目は、NHK衛星放送（当時）で初めての生中継が行われました。でも生放送が入っていることはあまり気にならず、むしろ「去年できなかったことが今年はできている」と思いがあふれて、登場した瞬間に泣いてしまいました。

そして4年目。この時は2日間連続の開催でした。だから正しくは、西武球場公演は20回じゃなくて21回だったんですね……いや、2日目は雨で中断したから20・5回なのかな。

問題の2日目、大雨が降り、雷が鳴っていました。

ライブの中盤で衣装チェンジのために袖に戻ったら、すごく物々しい雰囲気になっていたんです。消防や警察の方がいました。そして「これ以上続けるのは危険です。今すぐやめてください」と言われてしまいました。

私ひとりの説明ではみんなよくわからないだろうということで、『パイナップルロマンス』[66]を歌ったところで舞台監督さんが一緒にステージに上がってくれて、土砂降りのなかで説明してくれました。でも血気盛んなファンの方たちは納得してくれません。

それで最後の歌として『すき』[67]を歌いました。ちょうど間奏のブレイクのところで稲妻が降りたのが印象的でした。まるでそれがキューだったかのような稲光だったんです。

でも『すき』だけでは収まりがつかず。

バンドメンバーやスタッフ全員にステージからハケてもらって、最後の最後はアカペラで『My Revolution』を歌いました。

まだフェスなんて言葉がなかった頃。今だったら相応の格好をしてくるんでしょうけど、みんなTシャツとジーパンで。無防備すぎるくらい無防備な姿で、参加した全員がずぶ濡れになって。過酷な状況だったのに誰ひとり帰らなかったんです。ロックを母乳に育った人たちは、心も身体も強いんですよね。でもやっぱり言いたい、「雨のバカー!」。

66 『パイナップルロマンス』……アルバム『Flower bed』収録。作曲・編曲は佐橋佳幸、作詞は渡辺美里。

67 『すき』……1989年リリースの14thシングル。作曲は大江千里、編曲は有賀啓雄、作詞は渡辺美里。アルバム『Flower bed』収録。

夏からの想いをつなげた東京ドーム

西武球場ライブの印象が強いかもしれないけど、実は4年目の西武球場の4カ月後に初めて東京ドームでコンサートを開催しています。自分のツアーなどでスケジュールが取れずあまり学園祭に出られなくなっていたので、だったら「史上最大の学園祭」と銘打って自分でやってしまおうと思ったんです。

西武球場では『パイナップルロマンス』で中断せざるを得なかったから、東京ドームではこの曲から始めました。このコンサートの私は、パイナップルの派手な衣装を着て、ほとんど絶叫に近いくらいの叫び声とともに登場しています。私としては西武でやれなかったものの続きという想いがあったし、夏の悔しさを晴らしたい気持ちがあったんです。

この時のステージを見て、BO GUMBOS[68]のヴォーカルだったどんとさんが「この人はどえらい人やな、と思った」と言ってくださいました。彼にしてみれば渡辺美里はポップミュージックの人であり、自分とは音楽的に合うところがないと思っていたみたいで。でもあの衣装とあの叫び声で出てきた時に「こいつはどえらい人や」と。それくらい鬼気迫る顔をしていたと思います。

68　BO GUMBOS……1989年にデビューしたロックバンド。「どんと」の愛称を持つヴォーカルの久富隆司を中心に結成。

学園祭ということで、学生のブラスバンドや鼓笛隊にも出てもらって盛り上がりつつ、夏からの想いをつなげたのが東京ドームでした。

やがて球場からドームへと変わり

西武球場はその後ドームになり、はじめは緑がいっぱいで遠いなと思っていた球場の外には住宅が建ち、景色は変わっていきました。

と同時に、私を取り巻く環境も変わりはじめていました。スタッフのなかに「西武球場ライブをやるために曲をつくってもらうのは困るんですよね」と言う人が出てきたんです。また、スタッフ以外からも西武球場ライブに反対する声が聞こえてきました。

「TRY TRY TRY」というタイトルを付けた2001年の西武ドームライブは、実はいちばんしんどい時期だったんです。近くに味方がほとんどいなかった時期。トライが1個じゃ足りない、そういう時こそ向かっていくんだという想いを込めました。

でも、球場のスタッフとコンサートの制作スタッフが味方になってくれて、マネジメントを含めて一枚岩になった時期でもあります。あるいは西武球場前駅で切符を切っていた駅員さんたちに「いつも駅にいるから一回観てみたいな」と言っていただくこともありました。

鉄道会社からは、「曲順はもう決まりましたか？」とセットリストを求められるようにもなりました。というのも、西武球場ライブの日だけはダイヤを改正しなくてはいけなかったからです。西武球場から西武ドームに変わった頃は過渡期でしたが、それでもコンサートに足を運んでくれる人たちがいてくれたからこその継続だったと思います。

そして美しい里へ

西武球場が「今年もこの日に西武をやるから、みんな帰ってきてね」というスタンスだったのに対して「今度は私のほうから会いに行こう、行ったところを故郷だと思えるようにしよう」という試みが、２００６年から始めた「美里祭り」です。

ある時、スケジュールが空いた期間があったので、リリースもないのにキャンペーンで全国を回ったことがあるんです。熊本に行った時、ＦＭ熊本さんの開局が１９８５年だということを知りました。私も１９８５年デビューだから、

FM熊本のスタッフの方と「一緒ですね。何か毎年お祝いごとをやれたらいいですね」と話していたら、「熊本を知るには、まず熊本城を見てください」って、熊本城の天守閣に連れていってくれたんです。

街のど真ん中にお城があるなんて素敵じゃないですか。「いつか熊本城でコンサートできたらいいなあ」ってふと口にしたら、「やりましょうよ！」と。そうして熊本や九州のイベンターさんたちが一生懸命動いてくれて。熊本には縁もゆかりもないのに、築城４００年のコンサートをやらせてもらうことができました。

そうやって動いてみなかったら、東京でラジオのお祝いコメントだけ録っていたかもしれません。でもそれだけじゃわからないことがいっぱいあるんです。実際に行って、その土地の空気を吸い、人々と会わなければわからないことがあるんです。

同じようなことが北海道や福岡でもあって、それがご縁で現地でラジオもやるようになりました。すると毎月、私にとってその土地は「帰る」場所になるわけです。

空港からバスやタクシーに乗って街に向かう時、私はいつも故郷へ帰る気持ちになっています。『ニューワールド～新しい世界へと～』[69]という曲は、「もし私が札幌出身だったら」という気持ちで書きました。

『ぼくらのアーチ』[70]は福岡です。ある時、福岡へ向かう飛行機の中で、王監督にお会いしたことがありました。だけど私、野球は全然知らないし、西武球場の人だと思われてるかもしれないと思っているうちに（笑）、結局ご挨拶するタイミングを逃してしまって。福岡の人たちはきっと王さんに憧れの背中を重ねているんだろうなあ、と思ったところからこの楽曲の制作が始まりました。そうやって偶然の出会いから歌はできていきます。美里祭りを始めてから、さらにたくさんの曲ができていきました。

美里祭りをきっかけに、もっと日本のいろんなところに行こうという気持ちにもなりました。日本は狭いようで広く、広いようで狭い。私の地元は東京だけれど、最近は日本全国すべてが地元だと思えるようになってきました。どの地域に行っても、地元を盛り上げたいと思っている人がすごく多いと感じます。私は盛り上げ隊長として何でもお手伝いしたいと思うし、こちらとしても地域の魅力を再発見できるのが嬉しいんですよね。

69　「ニューワールド～新しい世界へと～」……18thアルバム『Serendipity』収録。作曲はvelvetronica、編曲はスパム春日井、作詞は渡辺美里。

70　「ぼくらのアーチ」……18thアルバム『Serendipity』収録。作曲はvelvetronica、編曲は佐橋佳幸、作詞は渡辺美里。

1986年から2005年まで、20年間毎年夏に開催された西武球場でのスタジアムライブ写真を一挙掲載。「女性ソロアーティスト初の試み」が「夏の風物詩」へと変わっていくさまを俯瞰したい。なお、タイトルは第 1 回の「KICK OFF」に始まり第 20 回の「NO SIDE」で終わるが、これはラグビーの試合開始と終了を意味し、高校時代に美里がラグビー部のマネージャーを務めていたことに由来する。あまりに美しく構造的なタイトルだが、第 1 回からすでに最終回のことを頭に入れていたのだろうか？

1986 年に開催された第 1 回「MISATO SPECIAL '86 KICK OFF」。
本人曰く「なんで私、あんなに堂々としていたんでしょう?」。

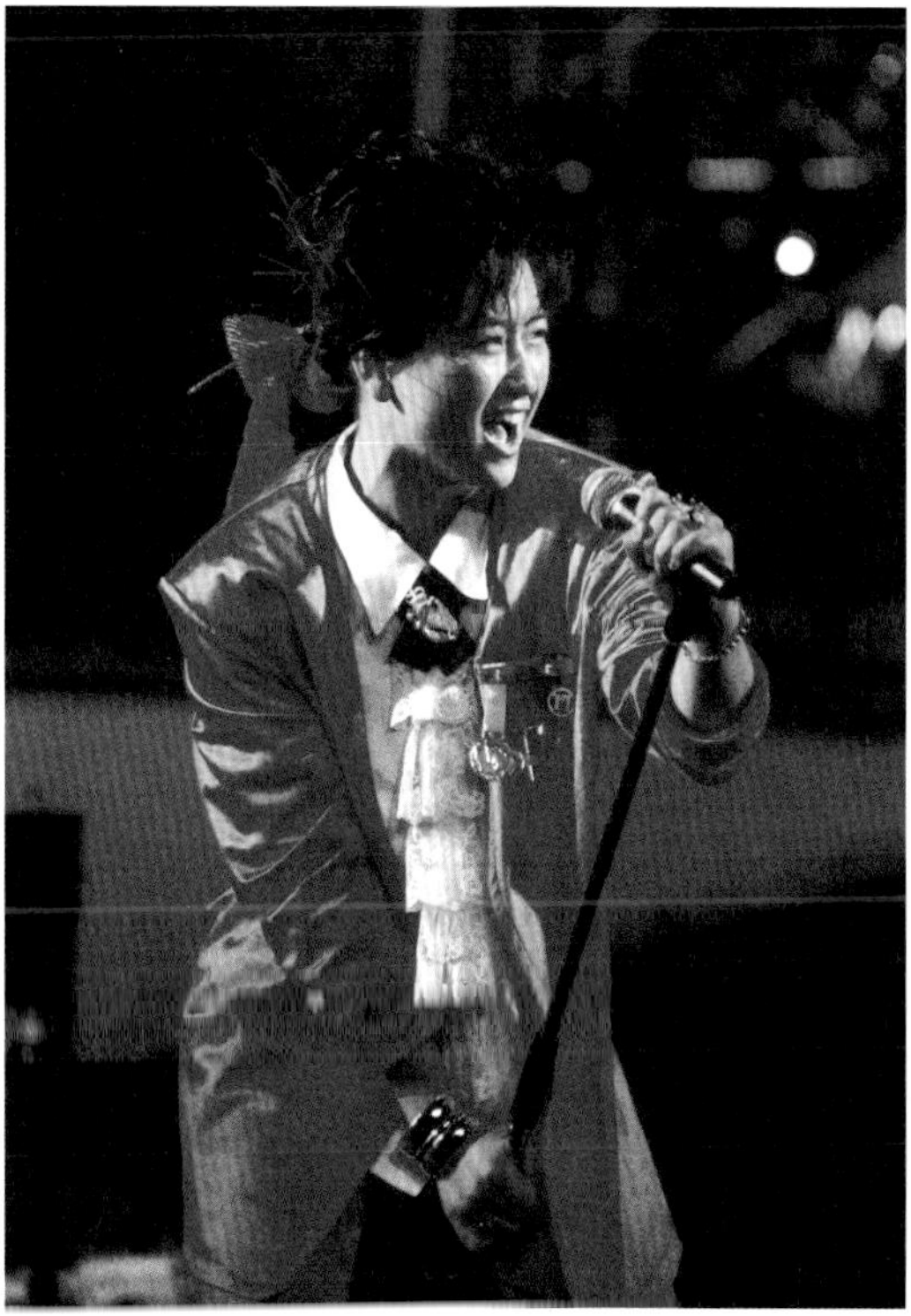
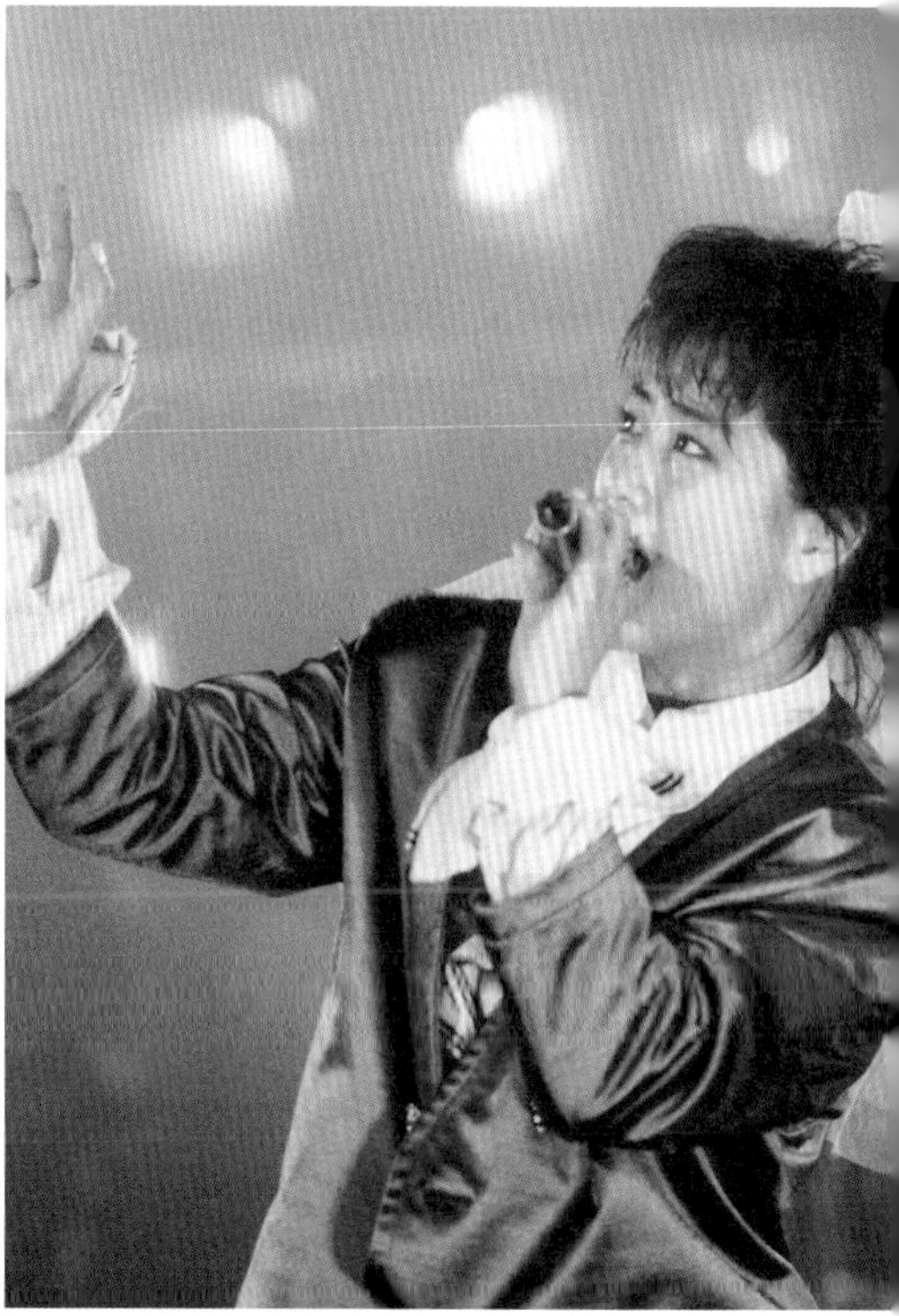

さまざまな演出を用意するも、天候のせいで実現できず。この時の後悔がその後の美里の強い原動力になった。

3　1988年　ribbon power

前年の決着をつけるという想いがあふれ、登場時に泣いてしまう。「戦後最大のポップアルバム」と銘打たれたアルバム『ribbon』にちなんで、ステージ上では風船でつくられた巨大なリボンが空を舞うという演出がインパクトも抜群。NHK衛星放送（当時）で生中継された。

この年は２日間２公演実施。だが、２日目は豪雨と雷雨のため途中で打ち切りに。のちに「伝説のライブ」と呼ばれることになった。「雨のバカー!」という、参加者全員の気持ちを代弁した叫びは、今でもファンの心に残っている。

5 1990年 misato SEIBU STADIUM '90 tokyo

悪天候に苦しんだ前年を乗り越えての開催。客席ではウェーブが発生するなど、西武球場ライブを象徴するシーンが見られた。この年から、西武池袋線池袋駅から球場まで特別列車「MISATO TRAIN」が編成、その後毎年運行されることになった。

1991年　misato Lucky 西武球場 - 大冒険　6

代表曲『夏が来た！』が初披露。渡辺美里＝夏のイメージが定着していく。スタジアムで歌いたい曲をつくっては西武で披露というサイクルが生まれる。スタジアムアーティストとしての地位を揺るぎないものにしていった時期。

7 1992年　渡辺美里 '92 スタジアム伝説

すでに伝説になりつつあったスタジアムコンサートに、ついに「伝説」のタイトルがつく。
ステージ中央に巨大なメリーゴーランドが設置されるなど、移動遊園地のようなセットが印象的。

9 1994年　渡辺美里'94 西武スタジアムムーンライトピクニック

この年は 13 曲のメドレーも披露。ライブ中、数万人のファンと共に空撮するという試みもなされ、その写真は翌年 V10 の広告に使われた。

ユニフォームの背番号に自身の年齢や 3310（ミサト）を入れることが恒例になっていたが、この年には「V10」と記載。
以降、1 年目のライブを V1、2 年目のライブを V2……と呼ぶことになった。

V10

音楽番組で出会った和太鼓集団・鬼太鼓座と共演するなど、10 周年を過ぎて新たな境地を模索。

12 1997年　misato 熱闘 '97

この時は、ステージの対面であるバックネット裏から登場。オーディエンスの後ろから登場したことになる。『My Revolution』のアカペラでライブがスタートしたが、まさか美里が後ろにいるとは思わず、オーディエンスは困惑しながら歌い手不在のステージを眺め続けた。バックネット裏の幕が開き、本人が登場した際、4万の観衆が一斉に振り返り地鳴りのような歓声を上げたという。

1998年　misato 1998 西武スタジアム vol.13 太陽は知っている　13

翌年から西武球場がドーム化するため、野外最後の西武球場に思いを込め『太陽は知っている』という曲を制作。オープニングは客席から浴衣で登場。

14 1999年　MISATO '99 SEIBU DOME Vol.14

ドームになって初めてのライブ。その年から始まった「うたの木」コンサートで共演したオーケストラのメンバーを迎え入れ、オーケストラアレンジの楽曲も披露された。

16 2001年 MISATO WATANABE SEIBU DOME 2001 TRY TRY TRY

ライブ後半、気球に乗って歌唱し、
場内を一周するという演出も。

二胡奏者のチェン・ミンや山口智充がゲスト出演。

18 2003年　100% MISATO ～ orange 18th ～

オープニングアクトとしてコブクロが登場。ゲストに大江千里やドラえもんを迎えた。

V20 2005年　MISATO V20 スタジアム伝説 ～最終章～ NO SIDE

最後の西武スタジアム。オープニングでは気球に乗ってファンの上を一周。最終章にふさわしい感動的な３時間。
下の写真は山口智充、大江千里とのリハでの１コマ。

NISSAN
V20
V20
V20
FamilyMart
モルツ
Draft One

駿河台大学

2005

エッセイ集『ロックのハート』
文章を書くことはココロをハダカにすること

『ロックのハート』は私にとって初めての連載（『Pee Wee』ソニー・マガジンズ）で、ラジオの喋りとはまた別の言葉を求められて書くことになりました。

写真とともにつくりあげていく作業はクリエイティブな時間で、達者かどうかは別として、貴重な経験でした。

文章を書くことは、歌詞をつくる時とは違う脳の使い方をする気がします。歌詞はメロディや楽器の響きやライブの空間が見えているなかで書きますが、文章はそうではないぶん、リズムとテンポを出したいと思っています。

テーマがはっきり見えている時などは、一行も書けていなくても「大丈夫」と思える時もあったり、本当に「何も書けない～！」とのたうちまわることもありました。

書ける時は、投げようとしているボールの軌道が自分だけは見えていたり、出したい速さまでわかっているんでしょうね。

エッセイ養成ギプスでの訓練は必要だったと思います。

ある意味では、文章も歌と同じで、ココロをハダカにすることだと思います。

フィクションにしてもノンフィクションにしても自分の肉体を通し、また小さな宇宙でもある心を通って紡ぎだしていくことは、完成した時に歓びに変わる。またいつか空想とリアルのあいだを泳いでみようかな。

ココロがいつでもハダカになれるよう正直でありたいと思って書いていました。

1996年に書籍として発行された『ロックのハート』（ソニーマガジンズ刊）

HEART OF ROCK'N'ROLL WATANABE MISATO

ロックのハート

第一回・はじめて

4月というスタートにふさわしい季節に、渡辺美里さん
の新連載がスタートします。美里さん自身がテーマを決
[illegible]
今回のテーマは“はじめて”。これからもよろしくね。

文◉渡辺美里

ハローラバーズ！ ピーウィーズ！

みんな、会いたかったよーん!!（このセリフはコンサートのときの私のおきまりのセリフなのよん。周りの人はだよんのおじさんみたいと笑っちゃうって言うんだけど、気持ちが入ると、つい“たよーん”ってなっちゃうんだよん）

このたび、生まれてはじめて連載というものを体験することになりました。はじめまして、渡辺美里です。なにとぞよろしくお願いいたしますね。まずは、自己紹介をしなくちゃね。とは言うものの、私は昔から自己紹介が苦手。子供のころ、よく“転校生”をしていたので、平均的自己紹介率をかなり上回っているとは思うけど、やっぱり苦手だな。

新しいクラスや職場で、すでに自己紹介を終えた人も多いのではないかしら。上手な人っているよね。要点をまとめつつ、ちょっとした笑いなどもまぜつつ。うらやましい。ダウンタウン[illegible]でも見て勉強しよう。

なんにつけ、第一印象というのは1回しかないのだから、気合が入らないとは言いきれない。大切にしたいものだ。

高校時代の友達と、お互いの第一印象について話したことがあるんだけど、けっこうすごかった。“なに、このコ”“なんだコイツ”なんて、けっしてよい印象ばかりではなかった。私服の学校だったので、かなり個性的なファッションだったしね。

白衣をコートがわりにドクターマーチンのガシガシブーツをはいてる娘。耳たぶ穴だらけの娘。ふわふわピンクのモヘアのセーターが似合ってた娘。モデルさん並みに、背が高くてバツグンに脚のきれいな娘など。結局、周りから見たらまったく共通点がなさそうな女の子たちが、とっても仲良しになっていた。“なんだコイツ”って思った娘といちばん気が合っちゃったりするのよね。人ってわかんないもんだ。

パキパキパンクだったあの娘も今ではすっかり奥様しているし、ふわふわモヘアの娘は幼稚園の先生をして毎日30回“おはよう”を言ってる。私はあいかわらずロックな毎日で、歌を歌っている。そういえば、今年はまたパンクな年らしいので、けっこうしまってある服が着られる。やったぁ。リサイクル、リサイクルっと。物もちのいい私。

自分で自分のことを分析するのもよいけど、他人が自分のことをどう感じているか、どう思っているのかを聞くのも、けっこう楽しそうじゃない？ ちょっとコワイけど。今度ぜひ“タコ（他己）紹介”ちゅうのをやってみてはいかがでしょう。新しい自分、知らなかった自分、はじめての自分に出会えるかもしれない！ なぁんて、女性雑誌の見出しのようになってしまった。

すぐそばにある“はじめて”ってなんだろう。

はじめて恋した日のこと。はじめてお化粧した日。ホンキでケンカしたこと。はじめてのひとり暮らし。自分の銀行口座を作ったこと。はじめてのバイト。ふたりで見た映画のこと。同世代の友達が死んでしまったこと。

はじめてバラの花束をもらったこと。自分にはだれにも染まることのない白い血が流れているように思えたこと。くじけたこと。ジェラシーを感じたこと。はじめてキスした日のこと。はじめて外国に行ったこと。男友達が泣くのを見てしまったこと。助手席に座ったこと。ピアスにしたこと。親に嘘をついたこと。

幼い日のはじめてのおつかい。そんなテレビ番組あったよね。手のひらのなかで握りしめた小銭が、汗でびっしょりになってた。

鉄棒の前回りが怖くて怖くて、この世でいちばんの恐怖に近かったあのころ、3年生になってやっとできるようになった。トホホ。今思うと笑っちゃうけど、なんであんなに怖かったんだろう。ねぇ。

はじめて感じた自分の部屋の鍵の重さ。はじめてだれかのために泣いたこと。パーマをかけた日。部活でレギュラーメンバーになってはじめて勝った試合。はじめてのヒール。上司に言いつけられた仕事。はじめて二日酔いになったこと。はじめて自分のお金で買ったレコード。

あなたは、この新しい季節に、どんな“はじめて”と遭遇しましたか。聞いてみたいな。話したいな。

うれしいことも悲しいことも、“はじめて”がくれるパワーって計り知れない。可能性も不安も勇気も。何かにぶつかったり、とまどったり、喜んだり、むかついたり、どぎまぎしたりしたとき、“はじめて”に立ち戻ると、なぁんとなくぼんやりとでも、先が見えてくる感触がある気がしてくるのです。

はじめてのレコーディングのとき、スタジオ中裸足でかけまわって歌ってた。ちょうど、卒業式を終えてすぐの、今ごろの季節。そして、1994年、春。10枚目のアルバムを制作中の私です。夜と朝がまったく逆転してしまった毎日で、大好きな桜の季節を見逃すものかと、スタジオと家の行き来のあいだも、ぱっちり目をあけて、春を発見しています。

あぁ、井の頭公園を散歩したい。メチャクチャいかしたコンサートに行きたい。エアロスミスにもデヴィット・リー・ロスにも会いたい。映画館で『ピアノ・レッスン』と『クリフハンガー』が見たい。旅行に行きたい。

レコード作りのあいだは、どうしてもどっぷりスタジオにつかってしまうので、テスト勉強中に限って机の片づけをしたくなったり、本を読みたくなったりするのと同じで、「　　したい!!」症候群におちいるのです。

今回からはじまるこのページで、たくさんの“はじめて”と、あったかくてプリティーな“ロックのハート”に出会えますように。いろんなおしゃべりができたらいいな。

いっぱい笑って、いっぱい歌おう！

お手紙、待ってるよーん。愛してるよーん。

おばQ

みさっちゃんの目玉焼き

「セント・エルモス・ファイアーとは海の上で方向を失った船乗りに見える、救いの明かりのこと。大学時代の仲間たち男女7人が、社会に出て初めて味わう劣等感や挫折感、恋愛が描かれています。何年か前に見たときには感じられなかったことが、現在の自分には迫り来るものがあって、たまらない気持ちになった。大好きなころのアンドリュー・マッカーシーも出ています。仲間たちが冗談みたいに“What is the meaning of life?”って口走るのが私には印象的だった」

Heart of Rock'n'Roll

Misato's Information

4月1日にビデオ Misato Born 8 Brand New Heaven をリリース '93年8月から5ヵ月に渡ったBIG WAVE TOUR'93を中心に、恒例8度目の西武球場や、8年ぶりの学園ライブ、クリップ映像など、てんこもり、見応えばっちりの内容です また、このページの感想や応援のお便りをお待ちしています！ あて先は〒156-91東京都世田谷区千歳郵便局私書箱15号 ソニー・マガジンズ PeeWee「ロックのハート」係まで

HEART OF ROCK'N'ROLL

ロックのハート

第二回：薫風

あなたが風を感じるのはどんなときですか。まるで初夏を思わせるほど暖かい季節に、今年はどんな夏や、秋や、冬が来るのだろうと考えたりします。そして、満開の花たちに誘われ、風を感じたくなって外へ出たくなります。

文　渡辺美里

風薫る新緑の季節。お元気ですか。第　回目、はじめての連載、楽しんでくれたかしら。

なんだかと一っしもそわそわしく、発売日に本屋さんに走ってしまったわよ。こんな気持ちってそうあるもんじゃない。となりにいたおっついおじちゃんにも"ピーウィー読めば～"という視線を送ってしまいましたよ。

5月に入ってもレコーディングの日々ですが、模様替えをしたり、花の種を植えたりと、大切な日常もとり戻しつつあります。"フラワーベッド"というアルバム以来、毎年何かが花の種を植えるようにしてきたのだけど、去年は体調をくずしてしまって、何かを育てるよりも体を元にもどすのが先だったので、ひさびさの種まきです。

以前、イベントでいっしょになった男性アーティストに、「花を育てるのが好き……うんぬんとテレビで話していたので、そんな趣味の人かと思ってましたぁ」と言われたことがある。どんな感じって、どんな感じやー！　うむ。

「エースをねらえ」のお蝶夫人みたいに、歩いたあとに花びらでも舞っているとしも思ってたのでしょうか。そんなはずない。書いていてイヤになった。とにかく、神経質なようでいてことごとく大ざっぱな自分に、毎日毎日手をかけて育んでいくということをやれるかどうか、ためしてみようと始めたのです。

荒れ放題、ほったらかし放題のプランターをのぞいてみると、二十ほどのすみれのつぼみが出ていたのです。

𝄞すみれって　すみれって　ブルーな恋人どうしが　キスして　キスして生まれた花だと……（byブルーコメッツ）

思ってたけど、けっこう生命力、強いのね。思わぬ春のプレゼントでした。ほかにもつりがね草と、申し訳程度のかすみ草がすらり。

今年は、はじめてハーブにトライしてみた。映画『卒業』のテーマソング「スカボロ　フェア」の歌詞に出てくるセイジ、ローズマリー、タイム。朝顔、ひまわり、そして"トゥルーラブ"の球根（本当はツルーラブと記されていたが、きっとトゥと書きたかったに違いない。違っていたらごめんなさい）。ついでに早生えだまめも。

制作中のアルバムがみんなの手元に届くころには、みごとな花々が咲いていることでしょう。それを想って、レコーディングと水やりに精を出すことにしましょう。

お彼岸に、弟とふるさとの京都にお墓参りに行きました。ずいぶんとひさしぶりの祖母の家は、弟と私が大きくなったのか、とても小さく、ひっそりとしていました。いてほしい人がいるべき場所にいないのはとても寂しい。

京都の街は春休みとお彼岸と卒業式シーズンということもあってめちゃくちゃすごい人だった。電車の時間まで少しあったので映画でも見ようと思ったのだが、悲しくていっぱい泣いたあとだったので、いちばん見たい『シンドラーズリスト』を見る心のすき間もなく、かと言って『クール・ランニング』を見て大笑いしたら"ご先祖さん、びっくりしはるわぁ"と思い、デパート探検をすることにした。そこもまたすごい人、人、人。なんとなく服を見てたら、とびきり明るい声の店員さんが、いろいろと話しかけてきた。思いっきり京都弁。たわいもない会話が続く。なかなか感じのいい人で、なんやかんや聞かれるのが好きではない私もついついつられておしゃべりになる。「以前も来てくれはりましたよねぇ」

「いいえ、はじめてです」「前にお会いしたこと、ありますよねぇ」「たぶん、ないと思います」「そうかなぁ。はじめて会った気ィせぇへんわぁ」「はぁ……」「だれかに似てるって言われません？」「まぁ、ときどき」「だれやろぉー。渡辺美里さんに似てるって言われません!?」ときたもんだ。さぁ困った。ここまで来たら、とぼけきれない。「えへへ。似てるでしょう。よう言われるんですわぁ。本人なんですぅ」「ギャー!!」その後の会話は、ご想像におまかせします。

この時期、私の歌の「さくらの花の咲くころに」や、「卒業」をラジオで耳にすることがありました。リクエストしてくれた人、ありがとう。

うす紅の花びらを　屋根一面　積もらせてる
ゆっくりと　汽車が今　春の駅　離れてゆく
卒業できない恋もある　木々の色も変わるけれど
卒業できない恋もある　一秒ごとにすきになるのに
どうしてきみは　ずっと手を振るのでしょう
はらはらと　涙　あふれてくる
春一番　耳元　吹きぬける

この歌は"卒業できない恋もある"というのが大きなテーマにあって作ったのですが、もうひとつ、私自身、大好きな場面があります。

"どうしてきみは　ずっと手を振るのでしょう"

幼いころの記憶とともに、ぎゅっと胸がしめつけられるような、なんとも言えない感情におそわれます。とても日本映画的感情かもしれませんが。たとえば高倉健さんの『駅』のような『華の乱』のような。

そういえば「卒業」のプロモーションビデオは京都で撮りました。吉田山荘のわきの坂道や、天王山の哲学の径、上加茂の花園橋。じつは、最初撮影に行ったときは、桜には少し早い時期だったので、私の立った場所や、歩幅までしっかり測って、カメラの位置には、土のなかにボールペンを埋めこんで帰って、桜が満開のときにふたたび撮影に行ってボールペンを掘りおこし、合成して、みごと私は"花咲かロックシンガー"となったのでした。

東山三条の路面電車のシーンでは早朝ロケで、朝練か試合かなんかに出かけるバスケ部の女の子たちに出くわしました。いっぱい握手したらボールとバッシュを置き忘れそうになった、おちゃめなバスケ部たちでした。京都ではいろいろおもしろい人たちに出会うなぁ。

アルバム完成まであと少し。笑ったり、泣いたり、すごくいい曲ができてぞくぞくしたり……。甘くせつなく激しく、あざやかな、私の春の日々です。トゥルーラブってどんな花が咲くのかな。

"薫風や　別れの汽車に　つき走る"

これは私の大好きだった祖母の俳句です。

（おばあちゃん　天国でも一花咲かせてね　KISS♡）

みさっちゃんの目玉焼き

女の子ならきっとだれもが大好きな「ローマの休日」。アン王女がローマの街にとびだして、花屋のおじさんから「Thank you」と花の束を受け取ってしまい握手する……。王女様だからこそできる振る舞いがなんともすてき。すべてのシーンが深く心に残っています。何度も見たのに見るたびに新しい発見があります。オードリーのことを書きだしたらきりがない。これからも登場すると思います。オードリーの映画でつづった曲「Audery」と「跳べ模型ヒコーキ」聴いてみてね。

HEART OF ROCK'N'ROLL

ロックのハート

WATANABE MISATO

第三回：真夏のサンタクロース

梅雨……。じめじめしていてなんだかちょっぴり憂鬱な気分になっちゃうね。そんなときこそ思いっきり素敵な傘で出かけたい。ちょっぴり派手なレインコートを着てみたりしてはどうかしら。ひとり部屋にいるときはいつも後まわしにしてきた考え事をしてみるのもいいかもね。大好きな人のことや、大切な人のことを。カーペンターズを聴きながら……。

文◎渡辺美里

HEART OF ROCK'N'ROLL

ハロー。みんな、ちゃんと歯、磨いてるぅ？　私は歯磨きが好きだ。一日最低3回は磨く。正しい歯ブラシの持ち方や、磨き方をしているかどうか、多少不安だけど。三度の食事のあと以外にも、何かちょっとつまんだりしたとき、ラジオなどでしゃべる前や、レコーディングで歌う前、もちろんライブの前も。磨きすぎは歯もすり減るし、歯ぐきにもよくないことは、わかっちゃいるけどやめられない。磨かないと気持ち悪いのだ。宇宙飛行士も、プロテニスプレイヤーも、スケート選手も（アイスホッケーなんて、わざと前歯抜いておいちゃったりするんだって）、サッカーの選手も(!?)、プロ野球の選手も、OLも、お母さんになるためにも、サラリーマンも（とくにお父さんなんて、ストレスやなんかで、きっと歯、ボロボロになってるんじゃないかなぁ）、もちろんロックシンガーにも、歯は命。とくに奥歯はがんばっているのだ。打つとき、投げるとき、ぐっとふんばるとき、ジャンプするとき……。どんなスーパースターだって歯痛には勝てないんじゃないかと思うくらい、歯ってすごいよね。私はここ数年、ツアーが始まる前には歯医者さんに行って、悪いとこがあれば徹底的にみてもらう。ワンツアーにっき一本、ごっつい親不知を抜いてますわ。めちゃくちゃーイタかったら、やだもん、やだもん。じつはあと1本、親不知がちびっと出てきているのよ。コレもツアーが始まる前にやっつけたいと思っている。歯医者に行くたびに言われるんだけど、「知らないうちにちょっとずつちょっとずつ、ストレスで奥歯をかみしめているんだよぉ。とくにきみのような職業の人は……」ってね。仕事をやり始めた人は、失敗したり、怒られたりしてけちょんけちょんに言われちゃったりして、奥歯くんがそれをじーっとこらえてくれてるのかもしれないね。

始まったばかりのこの「ロックのハート」に、それは、それは、びっくりするほどたくさんのお便りをいただきました。本当にありがとう。はっきり言って私、泣いてしまったよ。ほんとよ。うるりーん、ぽろりーんと涙出ちゃった。みんなのたくさんの〝はじめて〟についてや、近況、将来のこと、日常のことなどなど、ひとつひとつの言葉が素直で、あったかくて、のびのびしていて、だからってきれいきれいだけの世界じゃなく、ちゃんと背すじが〝ぴっ〟としてる。まさしく「ロックのハート的ところ」ふ、ね。私の言葉は擬音や、ものすごく感覚的な言葉を使ったりするので、周波数が近い人には、直球〝びしー〟とド真ん中に来るんだけど、そうじゃない場合は大変。ほんのちょっとしたことで、言葉が足りなくて誤解を生んだり、言葉が過ぎて、心と心にひずみができたり……。人が発する言葉の力ってすごいものがあるよね。それは、文字だったり、声だったり、歌だったり、アートだったり、手話だったり、手紙だったり、ダンスだったり、着るものにもあるかもしれない。コンピューターでもレコーディング中、調子が悪くなってきたりすると、「がんばれー。機嫌直してくれよぉ」って、ねぎらいの言葉をかけたりすると、もうひとフンバリしてくれるんだよ。職場や学校、クラブ活動などでも、だれかのひと言でドキッとしたり、ふっきれたり、うれしくなったり、ムッとしたり、イライラしたりすることあるでしょう？「アンタにゃー言われたくないわぁーなんて心の中で思ったりね。ときには考えさせられたり、素直になれたりしょったり。とにかく人は、そのたったひと言に一喜一憂するんだよね。私自身、言葉に関しては、かなり敏感なほうでありたいと思っているし、人と話をするときは、ひと言も聞きのがさないように全身を耳にして、大きく目を開けて、微妙なニュアンスも含めて、ビシビシ受けとめてしまいます。でもね、最近は、なんでもかんでも受けとめすぎるのはいいことばかりじゃないという気もするんだ。右から左へ聞き流せたほうがいいこともあるんだってことを知ったんだ。友達にも言われた、「みさっちゃんは、まっすぐだから」って。ついこのあいだ。それが私を支えてきたところでもあるけど。今までいちばん悔しくて、情けなくて、どーしようもない気持ちになるようなことを、よく知らない人に言われた。飛び蹴りのひとつでもくらわしてさしあげたい気分で、小林よしのり氏の言葉を借りて言えば「ごーまんかましてよかですかぁー！！！！」と叫びたいくらいだった。そんなときも私の奥歯くんは、がんばってくれた。

埼玉県与野市の知子さんからの手紙です。「前後省略……私にとっての父親とは、あんまり〝好きな父親〟ではないのです。いつも小さなことで言い争いになったりします。父は自分の『価値観』を押しつけるのです。……中略……父の〝愛情の押し売り〟状態の考え方には、どうもついていけない。ついていけないどころか、キライです。けど、最近考えてみたんですけど、父は愛情表現の仕方がとてもブキッチョな人なんじゃないかと思うんです。『自分の考えてることすべてが娘のしあわせにつながる』って考えてるんじゃないかなって。中学のときとかもう本当に、父に対してはめちゃくちゃ反抗していました。けど今は、映画『父の祈りを』のおかげもあって、父のことを少し考え直すようになってます……」。

生まれて育った時代も環境も、それにともなう価値観などもすべて違うお父さんだもの、きっとお父さんにもとまどいがあるんじゃないかな。照れもあって、お互いに上手に伝えられないことがたくさんあってぶつかる。私たちからしたら、なんてイシアタマノガンコオヤジナノ!!　って思っちゃうよね。

親の愛を一身に受けることも、母親の手に抱かれることも知らずにいる子供がこの広い世界にたくさんいると知ったとき、ごんたばかり言ってる自分が情けなかったと同時に、感謝の気持ちが生まれてきた。「真夏のサンタクロース」は、そんな想いをうたった歌です。6月15日は父の日。「いい娘を持って幸せだ」と、お父さんが思ってくれたらいいね。

みさっちゃんの目玉焼き

実の親子である父、ヘンリー・フォンダと娘、ジェーン・フォンダの共演。実生活ではずいぶん長いあいだ、親子絶縁状態が続いていたというのは他人・マスコミが伝えていたこと。本当のこと、本当に大切なことは当人同士にしかわからない。『家族だからこそ』『親子だからこそ』かけがえのない大切なこと。私は仕事をするようになってつくづく実感しています。ヘンリー・フォンダはすでに他界していますが、この映画によってお互いに心開き合うようになったそうです。おばあちゃんになったら、黄昏色の中に小舟を浮かべて、釣りをしてみたいな。

HEART OF ROCK'N'ROLL

WATANABE MISATO

ロックのハート

第四回　やわらかい女の子

今月はピーウィーでも興味津々な"MISATO'S FASHION"のお話。それからパリでの撮影のエピソードもきけるよ。そのどちらも楽しめるパリでのこの写真は、ピーウィーのこのページでしか見られません！

文◎渡辺美里

HEART OF ROCK'N'ROLL

思い込んだら熱にうかされるかのように創造と、想像の世界に突き進んでしまう。去年のツアー中に'94年の自分のファッションテーマは"フレンチパンクだ!!"と一休さんのようにひらめいた私。革のベストにシルバーのアクセサリー、ヒップハンパンツルックが大好きで、8年前にロンドンで購入したパッチワークのベルボトムはいまだに大事にはいている。水玉模様とギンガムチェックは永遠の憧れ。その季節になるとうきうき気分で必ず着たくなる。クローゼットを見回すと、タータンチェックの服の多いこと。『大草原の小さな家』のローラみたいにブーツをはいて、アーリーアメリカン調のワンピースも素敵。クロムハーツのアクセサリーも魅力だけど、テディベアを見ると、つい私を呼んでいるような気持ちになる。今回の写真にはちゃんと写ってないけど、緑のジャケットの下にはパーティーブルー的エプロン型ワンピースを着ているのですよ。かぶりものが得意な私は（きっとたぬきとかくまとかも似合いすぎる気がしてコワイ……）帽子にもちょっとうるさい。パリッと着たいストライプのシャツ。ベルベットアンダーグラウンド的サングラス。そんなことを思ったら、いったい私は何を軸に着るものを決めているんだろう、本当は何が好きなんだろう、似合うんだろうって考えだしたのですよ。クールに、そしてスウィートに、おしゃれに、そしてどこかに音楽を感じ取れる、そんな格好がしたいと思ったとき、"フレンチパンク"という言葉が浮かんだのです。こんな言葉、実際にあるかどうかわからないけど、私が勝手に作った造語なの。"パイナップルロマンス""ムーンライトピクニック""センチメンタルカンガルー"のようにね。受け手によってすごくイメージがそれぞれにふくらんでいくでしょ。自分が好きだなあと思えるアイテムだらけの中で、服や小物、靴、かばんを組み合わせていって、オリジナルワールドを作り上げればいいんだなあって思ったのですよ。あの人はいつも黒の印象だねとか、やっぱロックはこうでなくちゃとか、そういうこだわりもいいけど、なんだかカメレオンみたいでも欲張って、この世の中にあるいろんな色や素材、カタチに出会って、触れてみたいし、着てみたいじゃない？　オリエンタル調、エスニック風、思いっきりパンキッシュなもの、アーリーアメリカン調なもの、ラスタもの、ちょっとモードをきかせたもの、めちゃくちゃカジュアルなものetc.……せめて自分の着るものの中だけでも、全世界共同演出って、楽しそうじゃない？　今年になってソフトパンクやヌーボーパンクが流行だし、私の一休さん的ひらめきもまんざらではないなあなんて思ったりして。「ロックのハート」にも"フレンチパンクってなんですか"という質問がたくさん来ていたので、これで少しは理解していただけたでしょうか。つまり、由緒正しき語源はまったくないが、大事なのはオリジナリティとアレンジと、ビートを感じるオシャレがしたい！　のココロ、とても思ってください。

さて、そのイメージの世界であるフレンチパンクを表現するべく、だれからともなく今年の写真は当然のようにフランスで撮る気持ちでいました。レコーディングの合間だったので、環境が変わって気分も変わって、ちょっとのんびりできたりして、いい感じ♡　なんて思っていた私が甘かった。この時期のヨーロッパは日が長く、夜の9時10時まで明るいの。結局朝の8時から夜10時まで、写真を撮り続けたのでした……数日間。そのかいあって、すごーく満足いく写真が撮れました。追ってどんどん見てもらう機会が増えてくると思います。パリの地下鉄では、アコーディオン弾きのおじさんが頼んでもないのに演奏してくれちゃった。もちろんそれでお金を集めていくんだけど。どうせなら思いっきりパリっぽい曲弾いてよ！　って言ったら♪枯れ葉よー　枯れ葉よー♪と情感たっぷりに弾いてみせた。「メルシィー　メルスウィー（心の中では、もぉーいいよぉー）」と言ったら、「そうかい、そんなに喜んでくれたかい、じゃ君たちにはもう一曲この曲をお届けしよう（と言ったと思う）」。ロシア民謡の♪カ・リンカ・カリンカ・カリンカ……♪を弾きだした。それにつられてコサックダンスなんか踊ってしまった日にゃー！「ブラボーブラボー!!（イタリア語）」と言っておしまいにしたかったのだけど、なんだか気に入られちゃったみたいでずっとついてくる。写真を撮っているあいだは静かにしていてくれて、さぁ、地下鉄のシーンはこれでおしまいとなった瞬間、♪カ・リンカ・カリンカ・カリンカ……♪エンディングテーマを弾いてくれましたよ。フランス人のおじさんにはそのロシア民謡の響きが、とても異国的なムードに感じられたのかもね。おじさんとはその駅でサヨナラしたのだけど、電車に乗って移動してたらなんと、また会ってしまったのだ！ぎょえ、また♪カリンカ♪だぁと思ってたら、電車の乗客用に別の曲を弾いて、なかば強制的に小銭を集めて歩いていたけど、私たちには"お代は前にいただいとりやすぜぃ"と言わんばかりに"メルスウィー"と言って、隣の車両に消えていったのでした。今回のピーウィーの写真はモンマルトルの丘といって、たくさんの画家が絵を売ったり、観光客を相手に似顔絵を描いたりしているところで撮りました（スリやドロボー多し、大注意）。そこでもまた、頼んでもいないのに美大生風のパリ男子が切り絵を始めた。ハサミさばきは、すいすいと滑らかであったが、でき上がった私の横顔の切り絵は、その場にいた全員が"似てねぇー"とつっこみたくなる作品だった。それでもしっかり料金請求され、当然のごとく子供料金だとパリ在住の友人は言い切ってその場をあとにした。絵描きのおじいさんは、日本人だと知って「知床旅情」を歌いだしたりとにぎやかなモンマルトルだった。決して隙があったわけではないのに、にじにじにじと寄ってきて、ちゃっかり"商い"していくパリの人たち。自分の気持ちをはっきり告げて、たくましく生きていかにゃいかんとねーと（なぜか博多弁）つくづく思ったパリでした。今回パリで撮影した写真は8月のシングルでさっそく登場するのでお楽しみに。まったねー。

みさっちゃんの目玉焼き

ヌーベルヴァーグの世界は理解しようとしないほうが私は楽しめる。ジーンセバーグってなんてキュートなの！　登場のところで着ているヘラルド・トリビューンのロゴ入りTシャツなんて、今年はやりのピッタリTシャツで、なおかつロゴ入りで、その時代でもかなりオシャレだったんじゃないかな。ボーダーのシャツにプリーツスカート、ストライプのシャツ、ワンピース、ニット感覚のランニングに超ショートパンツ。シーンが変わるごとにとってもシンプルでかわいいファッションにチェンジ。部屋にはちゃんとくまさんもいるんだ。真夏に向けてセシルカットにしたぁーい!!

ロックのハート

HEART OF ROCK'N'ROLL

第五回「みんないた夏」

美里ファンならきっと特別な季節、夏。今年はちょっと遅れちゃったけどアルバムも出るし、西武球場もあるし、ツアーもある！　夏をめいっぱい楽しんで、夏バテなんかに負けずに、元気いっぱい、気合い十分でいこう！

文◎渡辺美里

一年のうち、私は何度か、季節の魔法にかかってしまうことがある。満開の桜が空を柔らかく染める春おぼろ。街の賑わいや華やかさとはうらはらに、人恋しくなる秋、クリスマス。いつもよりシックなおしゃれをしたくなるうれしい気持ちと、ちょっと照れくさくて、かといってだれにも気づかれずに忘れられちゃったらヤダナ、淋しいな、そう！　さりげなく、美しく、ハッピーにほんの少しの演技力を必要とするバースデー。ほかにもたくさんマジックタイムはやってくる。

ムードに流されやすい、ノリやすいと言われればそうかもしれないが、それでもよいのだ。いや、そのほうが1年を何倍も楽しく過ごせてお得なのだ。そして今、このとき、特筆すべき、この季節。夏だ！　夏が来た!!　本当の夏が来た!!　はっきり言って私は夏が好き。だって心が華やぐもの。予感がするもの。体調いいもん。西武球場のコンサートがあるもん！　犬とイルカとどっちが好きって聞かれて答えられなくても、自分の歌のなかでいちばん好きな曲はなんですかと言われても決められないけど、春夏秋冬のなかでいちばん好きなのは夏!!　と答えられるな。えっへん（偉かないな、べつに）。

今年は4月からすでに猛暑で、クーラーがいつもの3倍は使われそうだ。最近の東京はとくに暑く感じる。ビルやアスファルトで風や熱の逃げ場がなくなってしまったせいか、妙な暑さがあるような気がする。みんなの住んでいるところはどうですか。道路標識にとまる蟬は激しく鳴き、ひまわりはたくましく咲いているよ。東京でも夏「て、こんなに暑かったっけー!?」って思うほど暑いけど、ぶーぶー言いながらも、やっぱり夏はええ。家のなかにも「わぁー、いい風が入るわぁ」と思える場所に風鈴をぶらさげて、特等席を見つけておかなくちゃね。うちの近所には一年中風鈴をつけっぱなしの家があって、冬に聞くと、本当にさぶーい気持ちになるものよ。「風物詩」ってコトバ自体、夏にピッタリだよね。

夏のにおいってなんだろう。誕生日（7月なので）のろうそくを吹き消したあとのにおい、蚊取り線香のにおい……そう、はっきり言ってはまってます。アロマテラピーもひと盛り上がりしたあと、時代は蚊取り線香よ！　お菓子屋さんでアイスボックスを開けたときのうぶ毛がもわーとなる感じ、麦茶の香り、ラジオ体操に行く途中の朝のにおい。よーく冷えたスイカの水っぽいあまーい香り（あのにおいが許せん！　という人もいるのよね）。プール教室の更衣室、プールのにおい。

17歳の夏、私は朝、昼、夕方と1日中プールにいた。公立中学のプールが一般開放されていたので、まず朝の部でひと泳ぎ。家に戻ってお中元でいただいたそうめんを食べる。あぁ、そうめんのゆでたにおいも、夏のニオイだわ。あんまりそうめんばっか続くと、イヤんなっちゃうのよねー。たまににゅうめんに変身したりもするのよねー。ときどき神宮外苑の大きなプールに友達と繰り出し、人間ウォッチングしたあと、ぶらぶらとお散歩に出かけたりもした。昼の部で泳いだあとは、抹茶あずきクリームという、まわりが氷で真ん中がクリームのアイスを、毎日毎日、驚くほど食べた。再放送の「水戸黄門」が終わると夕方の部でまたひと泳ぎ。毎日こんな調子だったので、おひさまに照らされて、当然真っ黒に日焼けしていよーん。ちょうどレコード会社のオーディションの予選に合格して　いくつもいくつも審査を受け、あとは決勝大会のみ、という状態でいろいろ準備していると きだったので、スタッフの人に「もうあんまり日焼けしないほうがいいよ」と言われてしまうほどだった。

ここ数年はおてんとう様の出ている時間に外にいることがめっきりなくなってしまっていたので、短いスパッツをはいて踊っていた私のライブを観て、友達が「みさっちゃん、お人形みたいにシロい……」とこわいことを言ってたこともあった。べつに、夏だからといってホラー映画を観て涼をとることもなし（私は大の苦手。みさっちゃんの目玉焼きにはけっして登場することはないでしょう）。今年の私はちょっと違うぜい。ちょっと日焼けしてステージにのぞみたいと思っております。時代とはかなり逆行してるけどね。

夏の音ってなんだろう？　プールでばしゃばしゃやってる音、ピピーッと笛の合図、蟬の鳴き声、夕立の音。夏になると増えるアケボーキッズのローラーの音。ベースがキツめの、車から聞こえてくる音楽。ラジオ体操、花火の音、夏祭のわさわさした賑わい。

日本全国の大規模な祭りから、小さな小さな超地元のお祭りまで。ふらっと誘われて行ってしまいそうになるよね、お祭りって。ふるさとのお祭りだったら久しぶりに懐かしい顔に会えるかもね。私は生まれは京都だけど、祇園祭りは行ったことがない。そのかわり、外苑でやってた日本の祭りっていうのにはゆかたを着て出かけたよ。今はもうやってないのかなあ？

まあこのところ、夏と言えば（手前みそですが）西武球場、夏の祭りと相場は決まってらいっと、今年も私たちの祭りがやって来ます。せっせ、せっせと汗をふきふきアルバイトに励んでいる人も、恋の島へ遊びに出かけようとしている人も、うー受験勉強があという人も、そして去年に続いてたいへんな就職活動している人も（フレー!!　フレー!!）夏祭りには帰ってきてね。もちろん、まだライブを体験したことがない人もぜひ、ご参加ください。富士山や花火をビデオで見てもいまいち楽しくないのと同じで、夏祭りはやっぱ、西武球場よ。

今年の誕生日に、入谷の朝顔市でイキなおじちゃんから買いつけたという回り灯籠をもらいました。この回り灯籠と、蚊取り線香の香りと、そして8月21日にみんなに会えたら、この夏はバッチリ、キマリナノダ！　夏に中途半端は許されない!!　五感をフル活用して、めいっぱい、思いっきり、大好きな夏にしようよ！　来月はいよいよ、ニューアルバムも出るんだ。このところ毎日、枕元には次のアルバムのジャケットをおいて、ニヤニヤしながら眠ってるんだ。はっきり言って美里の問題作。代表作になると思います。楽しみにしていてね。うー!!　夏が私をそうさせた……。ピース。

みさっちゃんの目玉焼き

幼いころから歌や踊りが上手で、少しずつステージでの名声をつかんでいく、ベッド・ミドラー演じるC.C.ブルームと、弁護士志望のお嬢さま、バーバラ・ハーシー扮する箱入り娘のヒラリーは子供のころにビーチで出会って以来の親友同士。大人になるにつれ、生きている環境、考え方、価値観、そして生き方が大きく違ってきたことに気づいていく……。よく〝相手の立場に立って考えてみよう〟なんていうけど、実際って想像以上にむずかしいことだと思うな。みんなその瞬間、自分のことでせいいっぱいだったりするでしょう。真の友には一生のうちに何人出会えるのか!?　テーマ曲「ウインド・ビニース・マイ・ウイングス」は私の「青空」という曲と同じ、アリフ・マーディン氏がプロデュース。聴いてみてちょ。

ロックのハート

HEART OF ROCK'N'ROLL

WATANABE MISATO

第六回『Baby Faith　ベイビーフェイス』

不思議なことに、今の自分って確実に子供のころの面影を残してる。1%もあのころの自分はいないっていえば嘘になる。子供の部分を残した自分ってちょっと扱いづらいけど、みょうにいとおしくて抱きしめたくならない？

文●渡辺美里

〝三つ子の魂　百まで〟とはよく言ったもので、私は小さいころから、そのとき、その時期のいちばんのお気に入り、大事なものを枕元に置いて眠る癖がある。新しく買ってもらったもの、プレゼント、洋服、おもちゃ、手紙、本、レコードetc.（何も夜逃げ道具一式そろえて眠るわけじゃないのよォー。あしからず）次の日着ていく服をキチンとたたんでおくような几帳面さは残念ながら持ち合わせていないのだけれど、（もしそうなら出かけ際、どんなに楽だろう。トホホ……）なぜか〝枕元〟なのだ。

でっかいピンクの自転車を買ってもらったときは、さすがに枕元にそのブツを置くわけにいかず、ぴかぴかのカギを置いて寝た。翌日、うれしくてうれしくて、ピンクの自転車を一日中乗り回し、見事に一日でパンクさせてしまったりでした。そして、記念すべき10枚目のアルバムをリリースするまでになった最近でも、その癖は、そのままなのであります。

今回のアルバム『ベイビーフェイス』は去年の11月、ビックウェーブツアーの最中から制作にとりかかり、今まで夏にリリースしていたときと同じタイミングで完成していました。一曲一曲、原色の輝きのある歌を歌いたい!!　と思いながら作ったこのアルバム、とにかく御一聴くださいませ。みんなのなかの〝ベイビーフェイス〟が呼び起こされ、何か〝ぴぴっ〟と感じてくれたなら、私はうれしい。今年は秋にアルバムを出すと決めていたので、私が体調をくずしてリリースが遅れちゃったわけではないので、心配してくれちゃった人、安心してね。

着々と音を仕上げながら、アルバムジャケットのことも、毎年楽しみながら考えます。和紙の折り紙を組み合わせて配色を決めたり、一枚の絵や写真から、どんどんいろんなイメージをふくらませていきます。漠然と、自分の頭のなかに浮かんだ映像や、色、シチュエーションなどに、デザイナーやカメラマンの、より専門的な知識やアイデア、センスをミックスしていって、どんなジャケットにするか固めていくのです。

アルバム一曲一曲に対してひとつひとつの写真が、その写真を見るたびに、今まで見たことのない新しい映画のワンシーンをイメージできるような、何かストーリーを読み取れるような、そんな写真が撮りたくて、ロケをしました。私のあまりにも感覚的で観念的な説明を、見事に形にしてくれたカメラマンとデザイナーに感謝しつつ、できあがったジャケットは、それはそれは素敵なものに仕上がりました。㊤ウルトラ・スペシャル・ジャケットなので、早めに見てみてね。

そして今現在、枕元には『ベイビーフェイス』のジャケットがあるのです。レコードジャケットとなると、自分自身を見ている気持ちはまったくなく、ひとつの作品として、とても客観的に見ることができます。でも、なかには「これ、どっかで見たことある顔だなあ」と思ったら、3歳のときとまったく同じ顔で写っているものがある。笑っちゃうくらい同じなのよ。ほんと、これぞ〝みさとの魂、百まで〟〝みさと百まで顔が変わらず〟ってもんですよ。かくいう私も、ちびっとずつ成長していて、枕元に置くもの、大切なものも、よりすぐりの逸品になってきていることは確かです。

最近、思いがけない方からお手紙をいただきました。なんでも、初めて私の曲を聴いて、ライブビデオを見てくださったらしく、幸せな気持ちになる言葉でお手紙をくださったのでした。私の倍ほど年齢もいっている方だと思うのだけれど、自分が感じたことに対して、あまりにもさりげなくストレートな行動がとれることに（手紙を書くということ）、私は息が止まるほどびっくりしてしまい、そしてまた、感激してしまったのでした。これはなんとかお礼状を出さねば、と思ったのですが、手紙を書くということが、これほどまでに勇気のいることとは思ってもみませんでした。どんな便せんにしようかな、万年筆のインクは何色にしよう、縦書きがいいのかな……なんて。つくづく癖のある右上がりの丸い文字である自分を悔やみましたよ。

どなたから手紙をいただいたか、それは今は内緒。でも、手紙って、うれしい手紙なら何度も読み返せるから、ほんとにいいものだね。自分勝手だったり、相手の気持ちに無責任に入り込んでくるのは困りものだけど。ハッピーな手紙や勇気の出る手紙が書けるなら、これからはもっと筆まめになろうと心に決めたのでした。

中野区在住の美幸さんからのお手紙です。「はじめまして。わたしは20歳の女の子です。今、求職中です。以前美容室に勤めていたのですが、もっとメイクの勉強をしっかりしたくて、一年で辞めました。先パイや親やボーイフレンドにいろいろ言われ、自分でも間違った選択をしたかなと後悔しています。現実を見ずに、夢を追う自分の姿に酔っていたのかもしれません。現実は甘くないですね。自分の力のなさを、今回のことで思い知らされました。……中略……そんな私でもひとつ誇れることがあります。美容室の送別会で、先パイが『おまえはよく気がつく。お客様によくほめられたよ』『おまえの親に、そういうおまえに育ててくれたコトを感謝しろ』と。美容師にとって気配り、心配りは最低限のマナーです。それでもとてもうれしくて、ちゃんと見ていてくれる人がいるんだと思うコトと、私をとおして私の親がほめられたことが本当にうれしくて、頑張ってよかったと思えてわんわん泣きました。……後略」　だれかに誓わないとくじけそうで……と手紙をくれました。〝氏より育ち〟とはよく言ったもんだ。ふむ。私が行っている美容室の人も似たような話をしていたことがあったので、次の機会にでも美容室談義をお聞かせしよう。

ベイビーの部分　こわれたハートの真ん中で
みんな　抱きしめてる　宝物
ベイビーの部分　ずっとなくしちゃダメだよ
がんばって輝いていなくちゃ
ちっちゃなプライドしがみついてばかりじゃ
まるでラップされた　冷めたオムライス
一から百まで願い事ばっかしてたら
あと5分　流れ星　売りきれてしまう
矛盾だらけのこの世の中で
努力と根性トッピングしても
派手な遺伝子と生まれつきの環境おさえこまれちゃ
胸チョット痛い

ニューアルバム『ベイビーフェイス』「ベイビー」より。イタイくらいの輝き、生まれたてのけがれなき、心からの親愛を送ります。朱にまじわっても、赤くはならない私がここにいる。KISS

みさっちゃんの目玉焼き

あまりにもまっすぐで純粋すぎる愛は、時として行き場をなくす。天賦の才能をもち、若さと美貌に恵まれた彫刻家を志すカミーユ・クローデルは、19歳のとき師であるオーギュスト・ロダンと出会い、魅かれ合う。尊敬から憧れへ、そして恋から破滅の愛へと深く溺れてゆき、深まってゆく愛は、形を変えて、若く美しくそして才能のある彼女の心をむしばんでゆく

アーティストであり、天才である男と女。最強のパートナーともなれば、天才同士のエゴがむき出しになり、傷つけ合う。初めての愛に突き走るカミーユと、創作の源として、したたかにカミーユを手放さないロダン。〝愛することはただそれだけで苦しいことだと気づいた〟by　『ベイビーフェイス』「初恋」より

Heart of Rockin' Roll

Misato's Information

8月21日の、恒例の西武球場も無事終了（ヘリコプターの出動にはたまげたね）全国ツアーが始まった美里さん さらに10月からラジオのレギュラーが開始といううれしいビッグニュースも うーん、楽しみ！ でも「ロックのハート」にも応援、感想などのお手紙を送ってね 〒156-91東京都世田谷区千歳郵便局私書箱15号 ソニー・マガジンズPeeWee「ロックのハート」係まで お待ちしてまーす

HEART OF ROCK'N'ROLL

ロックのハート

WATANABE MISATO

第七回『リッチじゃなくても』

ピーウィーズならだれでもインテリアって、ファッションと同じくらい興味あるでしょ？　だれに見せるためでもなく、自分自身を見つめるための空間だもの、大事にしたい。そんな気持ちを新たにさせてくれる今回のオハナシです。

文♥渡辺美里

HEART OF ROCK'N'ROLL

大好きなものだけに囲まれて暮らしてゆけたらどんなにいいかと、ベイビーフェイス・ツアー、ロックンロール街道驀進中の私は、最近つくづく思う。テーブルクロスも電気スタンドもカーテンも、コーヒーカップも、鏡も、みんなお気に入りのものばかりのはずなのに、どうも納得いかないのである。

勉強したり、絵を描いたり、書道にいそしむのも、まずは環境を整えてからなんて、部屋や机の周りを片づけはじめて、結局ぜんぜん勉強できないまま、片づけだけで終わってしまうなんてことはしょっちゅうだった。

どんなに狭くても、どんなにボロくても、部屋やおうちはその人の城。仕事も恋も、遊びにいくのもそこから始まるじゃない？　毎日いろんな気持ちで、その城から″えいやあー″と飛び出していく。だから部屋を見れば、その人がおのずと感じられるよね。のぞき的悪趣味はないつもりだけど、やっぱり好きな人や友達の部屋というのは、とても興味深いものよね。

パリの屋根の上で命綱をつけて撮影したとき（詳しくはレコードジャケットをご覧ください）控室として、そのマンションに住んでいる日本の方の、高校生の息子さんの部屋を貸してもらいました。あんまりジロジロチェックするのはいけないわと思いつつ、勉強机にメイク道具を置かせてもらったりして、なんとなあくドキドキしながら撮影の支度をしていたの。

ずっとフランスで育ったらしく、机のラクガキも英語とフランス語（……うぅ読めない）。キープオンロックンロール的な英語のラクガキと、日本のマンガがずらりと並んでいた。四畳半ぐらいの小さな部屋に、マンガ、本、CD、そしてギターとギターアンプが、雑然としたなかにもそれぞれが″くん″と胸をはって存在していた。ウィノナ・ライダーとガンズ・アンド・ローゼズのポスター、そして自分たちのバンドの写真とフランスのパンクバンド（？）の切り抜きか何かがこまごまと貼ってあった。CD棚にはエアロスミス、AC/DC、モトリー・クルー、ボン・ジョヴィetc.……チェックしてはいけない、じろじろ見てはいけないと思いつつ、そこまで見てしまった私。ごめんちゃい。この子とはきっと友達になれそうだなあ、なんて思いながら、隅から隅まで男の子の部屋!!　という雰囲気にひたりながら（ゴミ箱の上に小さなバスケットのゴールをつけているのもなんかかわいかった。おーっと、またチェックしてしまった）私は思わず感心してしまって、″うーん、日本に帰ったら、こんな散らかり方の部屋にしよう″なんて、みょーな感情を芽生えさせてくれる部屋だった。美しいのである、その散らかり方が。

今はさすらいの旅人状態なので、必要最低限のものだけカバンに詰めて出かけたいのだけれど、それでもなんやかんや、あれやこれやと準備していくうちに、てんやわんやなのである。あれも大事、これも大事、それも必要と思ってはいても、実際生活していくとなると、いらないものや無駄なもの、余分なものがどんどん増えていく。ゴミも出れば電球も切れるのである。その無駄も大事なものもひっくるめたのが生活なのかもしれないね。

インテリア雑誌のような美しさ、パーフェクトを狙うつもりはないが、もうちょっとまともな暮らしをしたいと思っているのであります。とはいうものの、その雑多ななかにも、これがあると落ち着くってものとか、なぜか手放せなくてずっと側にいるというような″愛いやつ″ってみんなの近くにもなぁい？　渡辺家にはいつの間にか″ガステラー番、電話は2番……″に出てくるあの白いクマだかタヌキだかわからない子が、ある日突然やってきたのですよ。ファンの方からいただいた覚えもないし、自分で買った記憶もない。どこのだれだか知らないけれど、だれもがみんな知っている。出どころがわからないのでちょっと不気味だけど、ぷちゅっとかわいい顔をしているので捨てるにしのびなく、いまだに名前もないままうちにいるのですよ、そのカステラー番君は。真っ白だったボディーはちょっと煤けてしまいましたが（笑）。

プリティーピーウィーズ、相模原市のおときの国の直美ちゃんからのお便り……。

「我が家は20年暮らして傷んだ家を建て替えることになり、今、その準備で毎日バタバタしております。狭い家なのに、ものがあふれて大変です。うちのスゴイ話を聞いてください。その一　いつも両親は家族の憩いの部屋（ゴハンを食べたりTV見たり）で寝ています。その部屋も、物・もの・モノで日に日に足の踏み場がなくなり、布団一組敷くのがやっと。それも布団の頭と足の先が折れ曲がっちゃって、ふたりで体をくの字にして小さくなって寝ています。かわいそぉ。その二　階段の電気は下のスイッチしか使えません。2階へ上がったところはものでふさがれてスイッチまで手が届かないのです。電気がつけっぱなしになっていて、2階に行きたいとき電気を消して上がるという変わったことをしています。その三　台所のガスコンロもふたつあるけど、ひとつしか使えません。もうおわかりでしょうが、奥のコンロの足場はものでいっぱいで、手が届きません。料理するのも能率が悪い××。などなど不便なことが多いのでいよいよ重い腰を上げました。掃除をしているといろんなものが出てきておもしろいですネ。母が若いときにもらったラブレター（父ではないの）やら古い写真やら、なぜか白いギターetc.……。兄の小さいころの写真はたくさんあるのに、私のは少ししかありません。やっぱり最初の子供はたくさん撮るものなのかな？　でも私の生まれたばかりの写真が出てきて、ちょっとガッカリ……。だって、ガッツ石松さんにそっくりなのぉ。（ガッツさん、ゴメンナサイ。今は全然似てないよ!あやしい?）家のなかのモノ、今となってはほとんどゴミでした。でも、20年の歴史はちょっとスゴイ……。後省略」

むははははー。まるで直美ちゃん家におじゃましたかのような気持ちになれるお手紙、ありがとう。新しいお家は快適ですか？　ああ、なんだか引っ越ししたくなっちゃったなぁ（この時期になると出てくる私の悪い癖）。

ツアーは大舞台と楽器を大移動しながらの毎日がお引っ越しのような生活。よかったら、みんなのお部屋の間取りを教えてちょうだいな。ではまたね。ばっははーい。

みさっちゃんの目玉焼き

「誰のものでもない自由な私」

高級コールガールのホリーは、お金にはクールだと言いながら、ちっとも貯金ができなくて、いつもピンチ!!　黒いトランペット型のイブニングドレスに、サングラスとスカーフを巻いた帽子や、長いキセルを小道具にしたり、安物のネックレスをジャラジャラ巻き付けたり、オストリッチの羽根つきトーク帽を合わせるなど、とても一着のドレスとは思えない着こなし術。ほかにも映画のなかでは、まるでおしゃれテキストみたいに、オードリーが上品なおしゃれを教えてくれるよ。また、まるで越してきたばかりのようにシンプルなインテリアも、とっても彼女らしい。

Heart of Rock'n' Roll

Misato's Information

全国ツアー中のみさっちゃん。みんな、もう会いに行った？東京では、なんと7年8か月ぶりの武道館コンサート!!　10月15日、16日、18日、19日の4days。4日間ともちょっとずつ違うメニューなんだって。うーん、今から楽しみ♡　お手紙は心の栄養byみさっちゃん。あなたのお便り待ってまーす。ソニー・マガジンズPeeWee「ロックのハート」係まで。よろしくね。

HEART OF ROCK'N'ROLL

ロックのハート

WATANABE MISATO

第八回　シャウト（ココロの花びら）

仕事がら、いろんな外国を訪れる美里さん。前回のフランスに引き続いて今回はアメリカのお話（どちらも美里さんに合う気がするから不思議）。ちょっとヘビーな体験もしたよう。これはどんな歌になって私たちに届くかな。

文♥渡辺美里

HEART OF ROCK'N'ROLL

5ヵ月間にわたる全国ツアーの前半の後半を、やっと迎えようとしていた10月のなかば。毎年すさまじい盛り上がりをみせ、音楽の神様が住んでいると言われる大阪のホールでのコンサートと、とっても久しぶりの、おそらくボンジョヴィ君や、エアロスミスのスティーブン・タイラーちゃまや、数々のアーティストたちのロックのハートがたっぷりと染み込んでいるだろうと思われる武道館でのコンサートとの間に、私は新曲のビデオクリップ撮影のために、アメリカはネバダ州とカリフォルニア州にまたがるデスバレーという砂漠に行ってまいりました。一生に一度行くか行かないか（普通は行かんと思う）、足を踏み入れることがあるかないかと思われる場所で"歌うクリフハンガー"状態を体験した今回のこの旅。我ながら「最近ハイテンションダゼ、トバシテルゼ」と感じる今日このごろですが、みなさま　いかがお過ごしですか。

旅に出る前に、"デスバレーはとにかく暑い!!　熱い!!　あついところで、とっても乾燥していて、水がなくて、ヘビやサソリが出るぞぉー"と怖いことばかりインプットされていたので、それ相当の覚悟をしておりました。心なしか「シャウト（ココロの花びら）」♪しおれたココロの花びらにぃー　毎日水をあげるぅ。都会の砂漠に迷ってもぉ　私のぶんまで咲かせてほしいー♪と歌う歌にも力が入るってもんですわぁ。……ハハハ。とにかく、体ひとつで行って、あとは水さえあればなんとかなるだろう、あれが食べたい、これが食べたい、ピーマンはイヤですなんてわがまま言わずに、なんとかお水だけで生き延びれたら……と、スーツケースの中にボトルのお水を詰め込んで出かけたのでした（空港の荷物重量チェックのところでトゥー・ヘ・ビ・ィーのシールをペタッと貼られながら）。

まず、サンフランシスコへ飛び、そこから飛行機を乗り継いでラスベガスへ、そしてラスベガスから車で3時間ひたすら走り続けた末がデスバレーである。今回の旅の最大の目的地はデスバレーなのだけれど、もうひとつ、通過地点であるサンフランシスコは、私にとってずっとずっと行ってみたかった街、あまりにも意味のある街なのです。数々のミュージシャンたちがサンフランシスコをめざし、サンフランシスコに集い、歌い、生きたのでした。うーん、花のサンフランシスコ。ほんの数時間通り過ぎるだけであっても、ちゃんと意識をもってこの街に入りたいと思っていました。

空の上からゴールデン・ゲートをのぞみながら、前日のコンサートの疲れがまだ少し残ったまま、初めてのサンフランシスコに降り立ちました。空港のイミグレーションというのはどの国も似たようなもので、決して感じのいいもんじゃない（パリのイミグレーションじゃ、ようこそパリへってウィンクされたけど）。「デスバレーに行くの!!」「なんでまたー!?」「信じられない」「暑いよー!!」と、とにかくサンフランシスコのイミグレーション軍団に珍しがられ、驚かれ、びっくりされながらなんとか通り抜け、乗換えの飛行機を待ちました。そこからラスベガスへは1時間ちょっと。ラスベガスも初めての街だけど、どんなところかなあ。

「チェリーが3つ並ばない」で勝手にラスベガスロケをイメージしていたんだけどなぁ。到着してこれまたびっくり。飛行機を降りて、通路を抜けてすぐのところにいきなりスロットマシーンの大群。本当はこんなふうに言わないよね。でも大群に見えたのよ。この街（ラスベガス）は、私に合わへんかもしれんと思いながら車に乗り込み、いざ、デスバレーへ。ひたすらまっすぐな道をどんどん、どんどん、どんどん走り続けた。道の両脇はラスベガスのけばけばしい看板から"ヨシュアツリー"がぽつぽつと見えるだけの風景に変わっていった。荒廃したこげ茶色の不毛地帯が、どこまでも、どこまでも続いていた。

デスバレーはアメリカ合衆国の中でも、最も乾いた土地で、真夏には平均気温が47度から50度になるという殺人的暑さのおそろしい土地である。過去最高では57度を記録しているそうだ。

国家天然記念建造地であるため、撮影にはパークレンジャーの人がついていた。何千年、何万年とかかってできあがった土、太陽、風、水、塩、岩の天然の彫刻作品を、撮影という汚れなき横暴さでキズつけてしまわないようにしっかりとチェックされているのだ。現に私たちの前に、映画かCFか何かの撮影の人たちが入ってはいけないところに入り込み、しっかりと不自然でみにくい跡を残していったのを見たときは、他人がやったこととはいえ、胸が痛んだ。「とっていいのは写真だけ、残していいのは足跡だけ」という言葉をすんなりと心に響えるほど、自然の力、存在感は圧倒的だった。

デスバレーには、数千年前に火山爆弾によってできた噴火口や、氷河期時代には湖があったことが予想される砂丘の砂のうねりや"デビルズゴルフコース"と呼ばれる沈泥で覆われた塩尖塔が果てしなく続いていたりする。デスバレーのもつ顔の一つ一つを紹介していくとあまりにも天文学、地質学、歴史などなど専門的な世界になってしまうのでこのへんにしておきましょう。

デスバレーの中でもA地点からB地点まで2時間の移動なんてことはザラだった。道なき道を走り続けて行くと"パーン"とすごい音がしたので、でっかい石が車のボディーに当たったんだろうなんて思っていたら、揺れがますますひどくなり、モダン石器時代の"ヤバダバドゥ"状態におちいった。乗っていたキャンピングカーのタイヤが、パンクではなく、バ・ー・ス・トしてしまったのだ。「タイヤってこんなふうになってしまえるものなの?」ってほどにほとんどボロ雑巾。私とスタイリストの女性は二人で『テルマ&ルイーズ』を気取ってタフな女を決め込むはずだったのに、いっぺんにシュワシュワシュワーっと弱腰になってしまった。

宿泊はデスバレーの中でも、人工のオアシスで、国営のモーテルのようなところ。アメリカのモーテルなどというとかなりダーティーなイメージだけれど、シャワーとベッドが用意されているだけでもありがたいと思えるおだやかなところだった。毎日同じレストランで（そこしかない）、大味（おおあじ）のフィレミニオンだったけど、サラダバーが充実していたので、砂漠のど真ん中では、東京のど真ん中より野菜をもりもり食べた。夜は驚くばかりの幾千もの星のなかで、生まれて初めてくっきりと天の川を仰ぎ見ながら「帰ったら武道館。あの歌も歌っちゃおうかなぁ」などと思っていたのでした。ではまたね。

みさっちゃんの目玉焼き

デスバレーに立った瞬間、この映画を思い出しました。カラカラに乾いた土地、深く澄みきった青い空、砂ぼこり……。初めてなのに初めてじゃない気がしたのは、そのせいだったのだろうか。行き交う観光旅行者の言葉を聞くかぎり、ドイツ人とフランス人がとても多かった。あとはちょっと、わけありそうな雰囲気の人々……。マリアンネ・ゼーゲブレヒト扮するジャスミンは太ったドイツ中年女性の役。この偶然は何か深い意味があるように思えた。モハーベ砂漠にポツンとある、さびれたモーテル"バグダット・カフェ"にて、乾ききった人たちの心が潤ってゆく、ゆっくりとした時間を描いた作品。

HEART OF ROCK'N'ROLL

ロックのハート

第九回：プレゼント

街はクリスマス一色。計画があってもなくてもそわそわしちゃう季節。大切なだれかにプレゼントをあげたいなんて思ったらそれこそ悩み抜いちゃう。でも目に見える、形あるものだけがプレゼントというわけではないよね。

文◉渡辺美里

MISATO WATANABE

HEART OF ROCK'N'ROLL

プレゼントというものは実に不思議である。受け取るときはもちろん、プレゼントを渡すときって、どうしてあんなにドキドキするんだろう。贈る相手や状況によって、多少ドキドキに違いはあるにせよ、なんだかドキドキするのである（私、気ィ弱いんかなあ）。

みなさんも経験があると思いますが、あの、贈る人と受け取る人とのあいだに流れる、みょーなここちなさは、いったいなんなのでしょう。プレゼントを渡す瞬間といってもこれがけっこう長い。では、コマ送りにして見てみましょう。

そろそろプレゼントを渡そうかなあ、の気配を漂わせつつ、プレゼントを取り出すタイミングと身のこなし、もさもさするのはどうもいただけない。プレゼントを差し出すタイミング、そのプレゼントへ添えるひと言、そしてその言葉の切り出し方。

受け取る側になっても、まず第一声は大事なポイントだ。"わぁー!! ありがとう。うれしい!! 何かしらぁ"と喜びをあらわにできる人ならいいけれど、私の場合、"あぁ……どうもありがと……もごもごもご……"と、本当は[illegible]もらってもうれしいのだけれど、うまく喜びを[illegible]ないことのほうが多い。

包みを開けるときも、ラッピングを大胆にベリベリッとやればいいんだけど、みょうにきっちりたたみながら開けていくのもスピード感がない。ましてや、リボンをくるくるっとまとめちゃったりしていると、贈ったほうとして"早く開けてくれー"と思ってしまうかもしれない。

プレゼントは、選んでいるときがまた楽しい。贈る相手を[illegible]イメージしつつ、開けた瞬間の反応もぼんやりと想像したりする。プレゼントの選び方は、うけをねらうグッズや、本当に喜んでもらえるもの、実用性の高いものなどいろいろあるけれど、なんにせよ、選んだその人のセンスと、相手に対する気持ちが如実に表れるような気がする。贈り手側には、本人も気づいていない"流儀"みたいなものがきっとあると思う。

ある友人はなんでも手作り派の子で、シャツやワンピース、短パンなどいつもお手製のプレゼントだし、ある友人は実用的でシャレっ気もあって、なおかつすごくセンスのいいプレゼントをしてくれる。「コンサートの楽屋でマー[illegible]気分になってね」と、真っ白なバスローブをプレゼントしてくれた。残念ながら全国ツアーの行く先々で[illegible]ローブに着替えてコンサートの準備をしている[illegible]時間はないので（どちらかといえば、あしたのジョースタイル）バスローブは真っ白なままだけど、大切な宝物になっている。

そういえば以前、日本人のインタビュアーがちょっとした土産を持って（民芸品か何か）マドンナのインタビューに臨んだとき、「日本人はプレゼントが好きよね」と少し[illegible]げに言っていたように思えたのだけれど、"ほんの気持ちです"という気持ちは日本人だけのものなんでしょうか。"手ぶらじゃなんだから"って気持ち、私はわかる気がする。"つまらないものですけど"とか"寸志"なん[illegible]とも奥ゆかしく、よいではないか。

小学生のころのプレゼント選びは、もっぱら文房具だった[illegible]。特に男の子の誕生会に呼ばれたりした日には、何をプレゼントしたらいいのかなんてまったくわからなくて、結局文房具に落ち着くのである。

逆のパターンで、私のスタッフが子供のころ、女の子の誕生会に招かれて、プレゼントを買いに町の文房具店に行って、貯金箱を買って帰ったんだって。同じ町内の、行動範囲がいっしょの、同じ小学生同士のお買い物。いざ誕生会に行ってみたら、招かれた子供のなかで、まったく同じ貯金箱をプレゼントした子がいて、子供ながらに"ギョギョ、自分は同じものを買ってきちゃった。自分のプレゼント開けられるのやだな"と思っていたら、誕生日の女の子はプレゼントを開けた瞬間"ん"と一瞬あって、"これでたくさん貯金ができるわ"と言ったそうな。なんとやさしくて気のきいたセリフの言える、ええお子なんだと、何十年（?）も前の話に、私はとても感心し、感激してしまったのでした。

イエス・キリストの誕生を知った3人の学者たちが、それぞれ3つの方角から、ひとつの大きな大きな輝く星をめざして集まり、贈り物を届けにやってくる。救世主の誕生を祝して、学者はそれぞれの立場から意味ある贈り物をキリストに捧げるのだ。（その3つの贈り物が何だったかは忘れてしまいました。失礼）

きっとモダン石器時代？にも戦国時代であっても、ルネッサンス時代であっても（かなり時代をかっとびすぎたか?）贈り物って何か大きな役割を果たしていたんだろうね。「お代官様、これを……」「越後屋もワルよのう……ヒッヒッヒッ……」と、今も昔も、同じようなイケナイ贈り物も飛び交っているのでしょう。

クリスマスに向けていろいろと計画を立てている人、まだの人、あんまり関係ないなぁという人も、クリスマスに限らずこの冬は、大切な人や大好きな人、友達や先パイ、仕事仲間や家族……日ごろ、フギリしちゃってる方々をにっこりさせる計画を実行してみるっていうのはどうでしょうか。プレゼントをもらうのが死ぬほどキライ!! という人は、そうはいないでしょう。何も高価なものの、立派なもの、シャレたものじゃなくても、それこそ"ほんの気持ちです"程度の、心からの言葉を添えたカードだけでもいい。

このあいだ薬局のおじいさん（レジを打つのに、のどあめ1コに20分くらいかかってた）に、「そこにある箱、3つ持っていって、よかったら使って」と言われたので素直に3つもらって帰って、わぁーいわぁーいなんだろなぁって楽しみにしながら、あとでよく見ると、ほ乳びんの口の部分を消毒するぬれたおしぼりだったので、思わずぬかよろこびしたことに大爆笑してしまった。おじいさんは『ベイビーフェイス』というアルバムを知っていたのでしょうか。その3つのものを新米パパのメンバーふたりにあげたら「おぉ 助かるよ」と言ってたいそう喜んでくれたので、めでたしめでたしでした。

1994年今春から始まった「ロックのハート」、たくさんのお手紙本当にどうもありがとう。来年も、どうぞよろしくね。サンキュー♡

みさっちゃんの目玉焼き

1947年のモノクロ作品。

つい最近観たばかりなんだけど、もっと早く観ておけばよかったなあと、今の私の心にじんわりとしみてくる。

"真夏のサンタクロースどこにいる　心は寒いクリスマス"の答えを見つけ出せそうな、そんな気がする、とってもすてきな作品です。

サンタクロースって、本当にいるんだなって素直に思える、1994年冬であります。

HEART OF ROCK'N'ROLL

ロックのハート

MISATO WATANABE

第十回：生まれ変われたら

'94年の4月から始まったこの連載もついに10回目。美里さんもデビューして10年目を迎えました。節目に、新たな目標をたてる—新しい自分に生まれ変わりたい。自分らしさを見失わず、憧れの"自分"に近づけたらいいね。

文♥渡辺美里

HEART OF ROCK'N'ROLL

"1年の計は元旦にあり"と申しますが、みなさんは、どんな思いで、新しい年を迎えましたか。そんなに大それた大志を抱かずとも、いちおう年頭にあたって何かを思うこと、新たな願いを念頭に置くというのは、まず最初の役目を果たしているような気がしてうれしい。

年明けすぐの東京は、いつもの人の多さと車の多さ、そして師走の慌ただしさがまるで嘘のように、そして、みんなどこに帰っていったんだろうと思うくらいに人けがなくなる。自動車もぐっと少なくなるので、いつもかかっているガスも消えて、街の空気はとっても澄んでくる。スコーンと抜けた空に富士山なんかが見えてきちゃったりすると、なんだか理由もなくうれしくて、"日本の正月じゃ。こいつは春から縁起がいいわぁーい"♪晴れた日には ベランダから 永遠が見えるよーん♪by「チェリーが2つ並ばない」なんて歌までできちゃったりするのですよ。

そういえばお正月に東京のタクシーに乗ると、やたらとスピード出しまくり、飛ばしまくりの運転手さんに出くわす。ふだんはストレス、渋滞のイライラや、スピードへの思いが一気に吹き出すのでしょうか。"いつもこれぐらいすいてるといいのに、ねぇ、お客さん♡""そっ、そっ、そうですねぇ。ひぇー"とばかりに、いつものんびり眺めている景色も、疾風(はやて)のように過ぎていくのであります。お正月の東京はドライバーをみんなキアヌ・リーブスにしてしまうのか!?

とにかく、とれたての1年の始まりに、東京で、真新しい朝に、気持ちを新たに新年を迎えるのは、とても気持ちがよいものだ。大きな願い、小さな願い、人に話す新年の抱負、誰にも言えない自分だけの思い、誰にも言わない自分の想い、と"1年の計"もやたらと種類が豊富。叶うこと、叶わないこと、さまざまだけれど"1年の計は限定おひとり様ひとつ限り"という決まりはないし、ましてや賞味期限もないので助かります。

目前に控えた受験、絶対合格しますようにとか、今年こそ日記をつけてみようとか、ジョギングを続けたい、怒らない、たくさん本を読む、人の悪口を言わない、すてきな恋をする、恋人を見つける、告白したい、徹底的にオシャレする、仕事を見つける、お金を貯める、植物を育ててみる、人に優しくなる、自分にキビシクなる、逆にもっと自分を解放してあげる、料理上手になる、免許をとる、ユーモアのセンスを磨く、旅行に行く、ダイエットする、美しくなる、鍛え上げてナイスボディーになる、たくさん映画を見る、ケンカをしない、約束を守る、習い事を始める、お酒を飲めるようになりたいとか、またはその逆、お酒を控えたいとか。(ピーウィーを読んでる娘にそんな娘はおらんじゃろぉー!?)仕事のできる女になる、カッコイイ人になる、しなやかになる、夢に一歩でも近づきたいとか、生まれ変わりたいとか……。もし生まれ変われたら、どんなふうになりたいかなんて考えたことある!?

生まれ変われたらもう1度人間として生まれてきたいか、それともまったく違う生物として生きてみたいか、はたまたまったく別のものとしてこの世に存在するか。たとえば自分がコーヒーカップだったら。ウェッジウッドやロイヤルコペンハーゲンなどに生まれついたら、世界中の家庭に入り込んでいけるな。結婚式の引き出物になるのは、おめでたいけどちょっと遠慮したいな。大事にされすぎてしまいっぱなしにされるより、飽きがこないのよねぇとかなんとか言われながら、毎日毎日手にとってもらえるカップだったらいいなぁとか。

ちょっと話がミクロな世界になってしまいましたが、生まれ変われるなら、初めてデートで映画を観た中学3年生のときに戻りたいという人がいた。「ミクロの決死圏」という、初めてのデートにはふさわしくない映画を、自分が観たい!! という気持ちだけで選んでしまい(人の体に、にゅにゅっと入り込んでくるやつらしい。わたしはまったく詳しくないのであしからず)おまけに、女の子はみんな甘いものが好きなはずだぁ!! と思い込み、特大のパフェをパクついてみたら、相手の女の子はまったく甘いものがダメだったということを、あとになって女の子の友達に聞いて、マーケティングリサーチ不足でしたぁ、とちょっとほろ苦い初デート体験談。物理学者か生物学者になって、宇宙サイズの研究から人間の細胞、素粒子の世界まで、果てしなく大きな世界と小さな世界を見てみるのは、おもしろそうだと言っていた人は、ひょっこりひょうたん島に出てくる博士くんに似ている(しかし男の子はミクロな世界が好きなのね)。そうでなければプレーが柔らかくて、まわりがみえるサッカー選手になりたいと、今どきの小学生のような、大人な発言をしていた。人間以外の、くじらとかイルカとかの哺乳類や、貝ではなく、大海原を泳ぎ回れるお魚になりたいという人もいた。

生まれてくる時代や国籍も今と全然違ったら、今の自分はどうついてゆくのだろう。'50年代の夢見るアメリカの若者だったら、ゴージャスなアメリカ映画全盛、映画さながらの時代に甘く、せつなく、また悩みや理由なき反抗を胸に抱えながらも、それでもまっすぐに輝くために、一生懸命になっただろうか。幕末の日本に生きたなら、坂本竜馬に心ひかれ、竜馬様♡ なんてことになったかもしれない。

『俺たちに明日はない』のボニーとクライド。あそこまで美しく壮絶な生き方をできただろうか。もし生まれ変われたら。今のような状況のなかでスーパーモデルになってみたいという男の友達。私は……私は……世界中の女性泣かせなロックミュージシャンに、1回くらいなってみたいな。もちろん、男性ロッカーよ。まぁ今はさしずめ、スタッフ泣かせの、泣かせるオレだぜ!! といったところでしょうか。

今年はデビューしてちょうど10年目。私にとって大切な大切な1年になると思います。未来に向かって果てしなく突き進む、無限の勇気をもって、この'95年を大事にしたいと思っています。みなさん今年もどうぞよろしく。

今回の写真は"オギャー"とこの世の中に生まれてきたところをイメージして撮りました。んじゃ、またねぇ。チュウ♡

みさっちゃんの目玉焼き

結婚式の当日、喜びに満ちあふれた新郎新婦を見て、それまで廃人のようになっていたある老人は、喜ぶ姿と若さと何かに、心動かされ、花嫁に祝福のキスをさせてほしいと申し出た。

花嫁のメグ・ライアンは、何かひびきあうものを感じたのか、見ず知らずの老人のキスを喜んで受けた。

すると、花嫁と老人の中身が入れ替わってしまうという「ゴースト／ニューヨークの幻」や「オールウェイズ」的なお話。たった1度のキスで、生まれ変われるなら……。メグ・ライアンはとってもラブリー。

HEART OF ROCK'N'ROLL

ロックのハート

第十一回:いつかきっと 勇気だそうバージョン

冬しかできないスポーツ、それはスキー。雪の結晶をじかに見ることができたり、うさぎの足跡を見つけたり、寒さの中、ロッジで飲むコーヒーがとってもおいしかったりね。そのコーヒーみたいな美里さんのお話をどうぞ。

文◎渡辺美里

HEART OF ROCK'N'ROLL

寒いのが超苦手な私にとって画期的な感情が、去年の暮れあたりから芽生え始めている。スキーに行きたいのである。なぜだか白銀が、私を手招きしているのである。スキーに行き慣れている人にとっては、なんてことないのかもしれないけれど、スキー場に行く道中、行ってからのこと、帰りのことなどを考えると、行く前からおっくうになって、プラス寒いのが大キライなのも手伝って、今までに何度となくスタッフからお誘いを受けていたけれども、のらーり、くらーりと生返事で、なんとかスキー合宿からのがれてきた。

あまりに行動が伴わない私に、強行派のスタッフは、スキーの板、スキー靴、ストック、スノーブーツをくれたり、まるで参考書のようにスキーの本、スキーウエアの本まで、いろんな人たちからそれぞれスキーグッズ関係をプレゼントしていただいたというひじょーに恵まれた環境にいながら、数年がたってしまったのである。

そんな、寒がりで、真夏のサンタな私だが、スキー経験がないわけではないのであーる。2歳ぐらいのときに、山形県蔵王のスキー場で、生まれて初めて見る雪を、こぼれ落ちそうな真っ赤なほっぺで、がぶりんことほおばっている写真がある。しっかり物心ついたころ、家族で温泉のある民宿に泊まって、その民宿の高校生のお姉さんと、トランプしたりおしゃべりしたりして、夜ふかしした。ガキんちょだった私は、高校生がものすごく大人に見えた。その民宿からスキー場までスキー靴をはいて行って、スキーをして、その日はそのまま車で家に帰ることになっていたとき、スキー場の場内アナウンスで〝渡辺美里様、お忘れ物がございます。お帰りの際には民宿○○にお立ち寄りください〟と、なんともはずかしい放送があったのであわてて行ってみると、民宿の玄関口に家族全員の長ぐつがずらりときれーに並んで〝おーい、連れて帰ってくれよー〟と言わんばかりに待っていたのでした。

また、ある年は、年越しをスキー場でしたこともあった。高校1年生のとき、バイトをすませたあと、家族と新宿駅で待ち合わせをして、夜行で白馬まで行った。白いセーター真ん中にミッキーマウスがついてるの。うひょーー!!を着て、どっさりお菓子を買いこんで、ガッタンゴットン、揺られていった。見知らぬ村で人々の流れに身をまかせ初詣に出かけたのも、とても印象に残っている。

「悲しいね」という曲のテレビ出演のとき苗場のスキー場から中継したこともあったし、「いつかきっと」という曲のビデオ撮影のため、北海道の富良野に行ったこともある。じーっとしていると寒さで涙がこぼれてくるのを通り越すと、へらへらしてくるという、キケンな寒さであった。1993年の1月5日、新年早々の撮影だったので、「やっぱりお正月は寒くなくちゃ。1年の初めは寒いところに限るね。気持ちがびしっと引き締まって、なんか、やるぞーー!! がんばるぞーー!! って気になるもんね。ね、ね、ねっ!!」とスタッフを盛り上げつつ、心とはちびっとうらはらなことを口走ってしまったりしたのである。

が、しかし!! が、しかしである。ヘタすると部屋の中でも帽子をかぶったままでいたくなるほどぐーたらで寒がりの私が、スキーに行きたいなんて!! 今回の写真はそんな私の気持ち〝真っ白な、一面の銀世界に行くぞ!! いつかきっと……〟(いきなり弱気)の意思表示。

真っ白はウソがつけない。何か自分の中でけじめをつけたいとき、がんばりたいとき、気持ちを切り換えたいとき、美しくなりたいときなど、白を身につけたいときは、何か意味があることが多いような気がする。白は強くて優しいから、だれにでも合う色なんだけど、ときどき白に負けちゃうことってあるんだよね。ハンパな気持ちや汚れたココロ、根性悪だと白には追いつけない。男性の友達でも大切な仕事のときやテンション上げたいときは必ず白を着るんだって言ってたから、女の子だけじゃないんだね、白のパワーを感じているのは。とにかく、あの手ごわい白に、私は強くひかれているというのは、なんだかとてもよい予感がするのだ。

相模原市の〝トトロの妹〟さんからのお手紙。「私は今、自分が情けなくて情けなくて、自己嫌悪に陥ってしまう毎日が続いているのです。理由は会社に対して仕事がなかなか覚えられないこと。(中途採用で9月の中旬から行き出しました) 自分の意思が弱くて、いつもまわりに流されていて、みんながそうするなら私も……って感じだったんです。私がもしみんなと違うことを言って争うのはイヤだし、自分はそうしてるほーが楽だったというのもありますね。今の仕事は、とっさの判断力とかが必要で、何かトラブったとき、ひとりで行動するときなど、〝こうしなきゃ〟って思わなきゃいけないのに、私は〝こうしたほうがいいのかなぁ〟〝でもあの人がこう言ったからやめよう〟とかで、自分が考えた行動をとらないんです。だから、イザとなるとアタフタしたり、どーしよ、どーしよでウロウロして仕事が中途半端になってしまい、結局何も片づかなくなってしまうのです。そんなことが重なって、この前、上司からキツく怒られてしまいました。でもだいたいの人はそこで〝見返してやるっ!!〟って思うのに、私の場合、見返してやるって気持ちもあるけど、そんなに言われてまでこの会社に来たいとは思えなくなってしまい、ヤル気が薄れていってしまうのです。でも、このままじゃ何も続かないですよね。だからがんばってるんですけど、周囲からはまだそういうふうには見えないらしく、覚えが悪いと言われ続けているので、毎日とても憂鬱です。中略……どうしてだろうなんて、本当は自分でもわかってますけど、私は甘やかされて育ってきたので、社会の厳しさを痛いほど思い知らされました。でも、これよりつらいことも多くあるんですよね。私は耐えることができるのかな? とにかくがんばってみるつもりです。……後略」

手紙ありがとう。仕事の内容も、環境も、とりまく人たちも、全然違う世界だろうから、「うん、わかるよ!! その気持ち」って簡単には言えないけど、トトロの妹さんに「いつかきっと、勇気だそうバージョン」をプレゼントしたい。握りしめたこぶしのやり場に困って、いくつもの不満を抱えながら、私もふんばっているから。

LOVE♡

みさっちゃんの目玉焼き

1970年にブロードウェイで上演された「ジンジャーブレッドレディ」(脚本家ニール・サイモンの戯曲)を映画用に作り直した作品。原題は「Only when I laugh」(笑うときだけ)。

アルコール中毒から立ち直ろうとする母、マーシャ・メイスンと、6年ぶりにいっしょに暮らし始めるしっかりものの娘役にクリスティ・マクニコルが出演。ニューヨークに生きる大人の女性のタフさ、さびしさ、そして人としてのもろさが描かれている。「ママが大人になったらあなたみたいになりたいわ」というセリフにとてもリアリティを感じる。

HEART OF ROCK'N'ROLL

ロックのハート

MISATO WATANABE

第12回『彼女が髪を切った理由』

見て見て！　インフォメーションの写真。これは髪を切る直前の美里さん。本当に3時間半のものすごくいいライブ（個人的には今までで最高のライブでした！）のあとの出来事なのです。珍しい、貴重なショットだよね。

文♡渡辺美里

HEART OF ROCK'N'ROLL

今日は、「みさっちゃんの美容室談義が聞きたい」という、埼玉県にお住まいの田島綾子ちゃんからのリクエストにお答えしましょう。"

都内を歩いていて、前からその存在を知っていたけれど、入ったことがなかった美容室がありました。"いつも同じとこもなんだしな。たまには新しいところに行ってみよう"とふらりと入ってみたのでした。美容室ってかかりつけのお医者さんとちょっと似たところがあって、安心感がかなり重要な気がするの。自分用のカルテがあるわけじゃなくても（あるところもあるな）、髪の健康状態や髪質、くせ、微妙なニュアンスまで知っててくれるほうが、話が早い。「そろえる程度に……」と言っても切りすぎになってしまうこともあるし、ウェーブの強さも、何かちょっと違うなってなるのは、なんともくやしい。

パーマとなるとほとんど半日仕事に近いものがある。（私の場合、量が多くて長かったから一日仕事だった）「今日は美容室へ行くぞ」とスケジュール化して行くことが多かった私としては、飛び込みというのはとても珍しいことでありました。入ってみたそのお店はこじんまりとしているけど、なんか、センスいいなと感じるお店でした。鏡の数もそんなに多くなくて、（たくさん鏡のあるところってどーも苦手。鏡越しに目線が合いすぎるので気にならない？）お店の人もなかなかいい感じ。「どなたかのご紹介ですか？」「いいえ」「今日はどのようになさいますか……」「カットとパーマをお願いします」とごくごくふつうに始まった。最初は一瞬、"お、この顔知ってる"って感じで、ましてやだれかの紹介でもなんでもなく、ふら〜りと入ってきたもんだから、ちっとびっくりしていたみたいだったけど、そのあとはすぐに仕事に取りかかってくれた。

商売上、お客さんとの会話もある種、仕事のうち。しゃべりすぎることもなく、聞きすぎることもなく、ぬぬっ!!　こいつぁープロだあって感じで、できあがった髪もバッチリ気に入ってしまった。それ以来もう数年、そこに通っているのだけれど、それはあるとき、その美容室に予約の電話を入れたときのことでした。電話に出た人はなんだかぼんやりしていて、要領を得ない様子で、なんだか会話がかみ合わない。「……いや、じゃあ、結構です。また電話します。ところであなたのお名前は？」と聞いておきたくなる応対であった。

次の日もう一度予約して、お店に行ってみると、いつもカットをしてくれる店長さんに「このあいだはすみませんでした」と丁重に言われてしまった。「ほかのお客さんにもときどき言われるんですよ。応対がよくないって……。どんどん言ってもらったほうが本人のためにはいいんですよ、自分ではあまりわかってないようなので。ただねぇ、他人にいくら注意されても、本人が気づかないことにはしょうがないんですよねぇ。お店にもどんどん新しい人を入れるようにしてるんですけど、伸びるか、伸びないか、要は本人ですから。いくら仕事上の先輩とはいえ他人にいろいろ言われても、本人の気持ちの持ち方によってぜんぜん違ってきますからね。がみがみ言ってもダメな人もいれば、言わなくても自分で気づく人は気づく。たとえば自分のしゃべり方が無愛想だなあと思えばそれを直していくとか、声質が暗めだったらしゃべるトーンを変えてみるとか、そんなところから自分で気づいてやってみないとねえ」

へぇー!!　なぁーるほどと私は感心してしまった。その人は私よりもふたつ歳が上なだけなのだけど、都内のオシャレな場所に3つも小さなお店を持っていて、バキバキのかなりやり手とみた。かといって仕事の鬼、努力と根性だぁー　って雰囲気は、みじんも見られない。どちらかというとその逆、南の島で海にプーカプカ浮かんでいるのが似合いそうな（ご本人もし不本意だったら失礼）感じの人なのだ。声を仕事にしている私としては、声質まで気を配りながら美容師の仕事をしていることにとてもびっくりしてしまったし、また、それぐらいの心配りができるからこそ、3つのお店をきりもりしていけるんだなぁと思ったのでした。偶然入ったとはいえ、すてきなお店にめぐり会ったなぁと思った出来事でした。

今回のこの写真は、横浜アリーナでベイビーフェイスツアーファイナルを行なった当日、ステージのあとの楽屋でのスナップです。長い長いツアーのファイナルを迎えるという神聖な気持ちもあって、また、歌いだしたら止まらないって感じで、気がついたらその日は約3時間半も歌ってしまった。20年近くステージの仕事をしているスタッフにも、「今まで経験したなかで、いちばんの長時間ライブだぁ!!（笑）」「映画『ダンス・ウィズ・ウルブス』より長い!!（笑）」と次々と記録を塗り替える（？）コンサートでありました。（注：ふつうのホールじゃこんなにやらしてもらえない。ライブ未体験の人はどうぞ安心して）

もっとぐったりと疲れた顔をしてるかなぁとちょっと心配だったんだけど、いい顔してたんでよかった。いろんな意味で達成感、充実感を体で感じている、その瞬間を、自分を、見てみたかったし、また、この日から私は生まれ変わるんだぁって気持ちで、どうしてもこの日に、終わった瞬間の超ライブな写真を撮っておきたかった。

そして、ひとつの区切りとして、ずーっと伸ばしていた髪を切りたかった。単純な女心と笑ってくれるもよし、何かの決意ととっていただくもよし。ピーウィーズのなかにも、新学期を迎える前に、就職するにあたって、また、この春自分は変身したいって気持ちで髪型を変えようと思っている人、けっこういるんじゃないかな。春に向けてラブリーになってちょ。私も、まだ出会ったことのない、新たな自分に出会うための心の旅に出ようと思います。延期となった大阪城ホールでのコンサートも終え、（神戸からも来てくれた人たちありがとう。感謝。今回会えなかった人も、夏にはきっと会えるよね）明日からレコーディングだぁー!!　冒険者美里の旅はつづく!!　ロックのハートも引きつづきよろしく。んじゃ。

みさっちゃんの目玉焼き

少年のころからずっと女の理容師さんと結婚したいと願っていた男が、年をとってから、美しいその職業の人と出会って結婚。どこまでが現実で、どこからが回想なのか、そして夢なのかわからなくなってしまうほど、全体にたゆたうような時が流れている。

確かに髪や顔をいじってもらっているときは、うっとりと眠たくなってしまうのはなぜでしょう。「眠っているあいだに切られちゃって失敗した」って、よく男の人が言ってるのを聞くなあ。（笑）

HEART OF ROCK'N'ROLL

ロックのハート

第十三回：〝電話するね〟

ついに丸１年を迎えた「ロックのハート」。１年がたつのは本当に早いよね。そんな１年のうちでも、気持ちも新たになり、〝いい季節〟の春、４月。どんな友達ができるか、不安と期待の入り交じった、不思議な気がします。

文 渡辺美里

HEART OF ROCK'N'ROLL

先月号より、さらに髪を短くして、洗ったあとも、小犬のように〝ぶるんっ〟とすればすぐ乾いちゃう手間いらずのヘアースタイルで、春を迎えた私ですが、みなさんいかがお過ごしですか。新曲のレコーディングもぶっちぎれそうな集中力のなか、絶好調のまま終え、〝早く！早く!!　みんなに聴いてもらいたぁーい!!〟気持ちを胸に、長いツアーでたまった、よくないところをいやしつつ、心身ともに健康を取り戻すためにリハビリ中です。ふん、やっぱり何より健康がいちばんだ。

さよならと出会いが入りまじるこの季節、もうすてきな出会いを見つけましたか。新しいスケジュール帳や、アドレス帳に新たに記された電話番号が、どんどん増えていったりして。ひとり暮らしを始めた人は、自分の城をちょっとずつ完成させるべく家具や電化製品もそろい始めているでしょう。あると便利なものはいろいろあるけど、まずは絶対的に必要なものから順にそろえていくよね。そのなかでも電話はきっと〝クィーンオブ（キングオブ？）必需品〟ではないかしら。

特に女の子にとっては、恋愛にも、仕事にも、遊びにも、とても重要なものだし、電話をめぐる物語は星の数ほどあるよね。最近では、心配料と安心料を考えれば安いもんだとばかりに、ひとり暮らしの娘に携帯電話を持たせる親も多いらしい。〝電波の届かない場所にいたり、電源が入っていないためかかりません〟状態もありうるというのに。

たとえば、かけた相手が留守番電話だったら、必ずメッセージを残すほう？　私は時と場合によるけど、仕事の用件を手短に入れておくこともあれば、留守電にはふさわしくないなと思ったら直接話ができるまで待ってかけ直すこともある。

歌詞のなかでも「いつかきっと」という曲の詞はとても悩んだ。〝悲しいよね　泣きたいよね　すぐに声が聞きたくなる　留守番電話にメッセージ残すよ〟というのがあるんだけど、この歌のシチュエーションのような場合、私、個人的には、そして私の性格からいくと〝メッセージ残せない…〟となるわけなのだが、だれからかかってきたかわからないと気分が悪かろうという、妙にこまかい気づかいと（冗談です）、お互いがなかなか切りだせない何かを、自分のメッセージによってその何かがふっと動きだせばいい、動きだしてほしい、そのきっかけになればいいなぁと歌の主人公は考えたわけだ。その迷いを表すだけ、〝メッセージ残すよ…〟のほうがよいと思って自分の性格とは逆の行動をとる主人公を選んだわけなのです

以前、いたずら電話に悩まされ、電話恐怖症になったことがある。朝方四時ごろだろうがなんだろうがかまわず電話をかけてきたり、わけのわからないことを留守電に残したり。相手がだれだかわからないからほんとに気分が悪い！　腹が立つしこわい。なかには〝美里さんですね　いまつき合っている人、いるんですか。いないんだったらぼくとつき合ってくださいよ〟などと、いたずら電話をしておいて、なおかつ、こんなことを言うふとどきものもおった。〝おのれ、何をぬかしとんねん!!　だれやねん、お前は〟と言ってやりたい気分でありました。

あるときは、ずっと音信不通だった男の子の友人から電話があって「○○君から電話があったわよ。この番号に電話ください」と母から伝言を聞いて、「おぉ。久しぶりだな、どうしてるかな、なんだろうな、急に」なぁーんて思いながら、電話してみた。

「どぉーもぉー。久しぶり、元気ィ？　電話くれたんだって？　どうしたの急にぃ」なんて、ごきげんに話している私とは逆に、「はぁ、どうも」とずいぶん歯切れが悪い。あ、だれかといっしょにいるんだなとぴんときた私。するとその瞬間受話器を取りあげる音がして、ヒステリックな女の人の声で「なんでここに電話してきたんですか。なんでここの電話番号知ってるんですか。あなた、だれですか!!」とたてつづけに質問攻撃。電話くれっていわれたから電話しました。わたくしは渡辺美里と申します。○○君が番号を残してゆきました。と全部の質問に、きっちりお答えしてもよかったのだけれどやめておいた。自分のボーイフレンドに自分の知らない女の子から電話がかかってきたりしたら、ましてやそれが彼氏のほうが電話くださいと相手に（この場合私に）かけていたことがわかれば、もめるもとになるだろうと瞬間的に思ったのだ。

何も私がこんなこと気をつかう必要はないのだけれど仕事上、男性に電話することのほうが圧倒的に多い私としては（男だ女だ言ってらんない仕事のときは。ねぇ）久々に仕事以外の昔の友人からの電話がうれしくてなんの気なしにかけ直したものの、その女の子には私の環境や、仕事の常識は理解しにくいだろうと思った。

「電話くれって言ったのはあなたのボーイフレンドだ、なんで、私がいきなりどなられにゃあ、ならんのだぁ」と言いたかったが、やめた。

そして受話器は彼の手に渡り、また受話器をふさぐ音がして、なんらかの会話、やりとりがあって、「彼女がどうしても話してみたいって言ってるんだけど」と言いだす。電話の相手が歌手の渡辺美里だとわかったからだそうだ。なんだかとんでもなく悲しかった。寂しかった。もし私が電話の男の子に恋愛感情を少しでも抱いていたらチープな恋愛ドラマさながらな光景だったけれども、そうでなかったのがせめてもの救いであった。でも友達がどんどん遠くへ行っちゃう気持ちはどうしても消せなかった。

そんな、こんなで（かなり省略したけど）たくさんの原因で電話恐怖症になってしまった時期があった。でも、今は大丈夫。この原稿を書いているあいだにも、ニューヨークに勉強に行っている奈良部匠平くんから（「恋するパンクス」などの作曲者）電話があって、すごくいいコンサートを見たから日本にそのアーティストが来たら絶対行ってみたほうがいいよとか、その他いろいろ情報交換した。今月中にはファックスも購入して携帯電話もバキバキつかいこなしてやり手ワーキングガールもびっくりな情報処理能力バツグン歌手になっちゃうもん。

みさっちゃんの目玉焼き

ピンク色が大好きな高校生の女の子アンディ（モリー・リングウォルド）は、お父さんが失業中なので貧しいのだけれど、アイデアで、オリジナリティーあふれるオシャレをして、それでもって成績ばつぐん。そんな彼女が、ハンサムでお金持ちのお坊っちゃま、ブレーン（アンドリュー・マッカーシー）と恋をする。

彼のブルジョアな仲間たちにやっかまれたり、いじわるされたりするけど、いつも自分らしく素直に輝いている彼女はとってもすてき。勉強ができる、できないは別として、かしこい女の子ってやっぱり好きだあ。仲よしの男友達、ダッキーの存在がまたいじらしくて泣けちゃうのよ。撮影で使ったピンクの電話、映画に出てくるのとそっくりだったのでこの映画を選びました。

HEART OF ROCK'N'ROLL

ロックのハート

WATANABE MISATO

第十四回：アクビちゃんと峰不二子

〝見てない〟って思ってても、みんなけっこう知ってるでしょ、『セーラームーン』に『スラムダンク』……。子供向けの番組だって、その対象年齢を大きく上回った今でも、見てみれば新たな発見があったりするかもね。

文 渡辺美里

HEART OF ROCK'N'ROLL

「今年の花粉はすごいぞ」と聞いてはいたけれど、自分の身にふりかかってくるとは思ってもみなかった今日このごろ、みなさんいかがお過ごしですか。

朝、起き抜けにくしゃみ100連発、ミーティング中にもハクション、電話の向こうでもハクション、油断をするとハクション、もう〜ヤぁーでハクションと本当に困った。ひどいときは眠っているときに「うぅ……ぐるじい・・・息ができない、ハクション!!」で目覚めることもある。この原稿が世に出るころにはおさまってるといいのにな。

そういえば私、「ハクション大魔王」のレコードもってるんだ。「アタックNo.1」とカップリングのやつ。〝♪くっしゃみひとつで呼ばれたからはぁー　それが私のご主人様よぉー〟ハンバーグが大好物で、魔法をかけるときの呪文は「あらびんどびん　はげちゃびーん」。魔王の娘のアクビちゃんってーのがまたかわいくて、パパリン（魔王）のことを「おとたすぁ」って呼ぶの。

〝♪かわい顔して、出ベソで、知恵がまわって明るくて、笑い上戸はいいけれど、派手ないたずらタマにキズぅ〟がアクビちゃんの歌だ。しかし私もよく覚えてるな。小さなころの記憶は妙に部分的に鮮明だ。

『アルプスの少女ハイジ』『フランダースの犬』『家なき子』『母をたずねて三千里』などなど、毎週毎週ドキドキしながら放送を心待ちにしていたっけ。大人になったいま見ても〝オロローン、ええ話や〟と思えるステキなテレビ番組がたくさんあった。

お正月に衛星放送で「ハイジ」を続けてやっていたので思わず見入ってしまった。放送権利とかいろんな問題はあるんだろうけど、もっとどんどんたくさんの人に見てもらいやすい時間に、再再再再（？）放送してほしいな。大好きだった中学1年生のときの先生が「今日はハイジの再放送の日だから、それに間に合うようにワシは帰るぞ（笑）」なんて言ってたっけ。屋根裏部屋や干し草のベッド、もみの木etc．それらの言葉を聞くと、私はまずハイジを思い出す。

〝パンにとろけたチーズをつけて食べるのっておいしそう〟。「ハイジ」を見るたびに思っていた。設定的にはかなり質素な食事なんだけど、子供のころの私にはすごいごちそうに見えた。初めてチーズフォンデュというものを食べたとき、〝わぁーい、ハイジみたい♡〟と思ったものだ。

フォンデュというのは日本でいう「鍋」のことで、チーズ鍋ということになる。ほかにもオイルフォンデュといって、小さく切った牛肉を、目の前にある油の少し入ったお鍋で軽く火を通して、いろんなソースをつけて食べるのもある。チーズフォンデュのチーズはたっぷりワインでとろかしてあったので私はすっかり酔っぱらってしまったのだった。まさかハイジのは、ワイン入りではなかっただろう。

『シンシアリー』のビデオの撮影でデスバレーに行ったとき、どこまでも続く山々にスタッフのひとりが〝♪口笛はなぜー　遠くまで聞こえるの　あの雲はなぜー　私を待ってるの〟と歌い出したので、いつの間にか撮影中のテーマソングになっていて、連日連夜、歌い続けた。アルプスの山々とネバダの砂漠じゃ、気温も何もあまりにも違いすぎるというのに。

ルーヴェンスという画家の名前を知ったのは『フランダースの犬』を見てからだ。オランダには風車があって、ポッコリした木靴をはいていて。

パリには家族でスリをする人たちがいるから子供にも気をつけてとガイドブックに書いてあるぐらい、よく耳にするが、わりと最近アニメの『家なき子』を見たとき、パリの街の風景もかなりリアルに描かれていたし、実際子供のスリが登場していた。子供のころには気づかなかったことだ。巷ではやったようなさびしいセリフはなかったけれど。

大人になったとき「そういえばはやってたよねー」って思い出しちゃったりするのかな。もっと気持ちが豊かになれる言葉があふれてくればいいのに。

『小公女セーラ』では、霧にむせぶロンドンの街が出てくる。全寮制の女の子ばかりの学校に行ったら、きっといじわるな子がいるんだわ、と子供ながらに思っていた。初めてロンドンに行ったとき、「パンクだぜ！　ロックだぜ！」と言いながらも、どこかで小公女を思っていただろう。

『母をたずねて三千里』を見て、アンデスに続く道を旅してみたいと思ったものだ。ちょうど『母をたずねて……』がオンエアされていたとき、飲料水か何かのプレゼントに応募したところ、主人公の相棒である、白いおさるのアメデオが当たった。弟の名前で出したものが当たったので、兄弟みんなのものではあったけれど、なんとなく弟のもののようになっていた。私は特別アニメ好きでもなんでもない。それなのに、ぱっと思い出してみても、これだけのアニメが登場するのだから、いかに小さいころに見るものが大切か、記憶に残っていくものかというのがわかる。このページを読んでくれた人が、話に出てくる物語を知っていてくれることを私は願う。

♪苦しくったって、悲しくったって　スタジオの中では平気なの♪　レコーディングが大変になってくると、男性スタッフもつい口ずさんでしまう「アタックNo.1」のテーマ。そんなとき私は、主人公の鮎原こずえのように瞳の中に星をキラキラさせながら歌うのだぁ。

さて、以前、ラスベガスのおみやげプレゼントに、たくさんのご応募いただき、ありがとうございました。思いっきりスーベニアショップで購入したので、スロットマシーンとはいえコインは出てきませんのであしからず。みなさんからのハガキを私が後生大事に持っていたので、発表が大変遅くなってしまってごめんちゃい。練馬区の小林絵美子さん、北海道の船山奈矢さん、千葉市の満富優子さん、当たりです。

うららかな春の日、縁側でうたた寝もしたいけど、夏のコンサートに向けて、峰不二子ボディーを目指してトレーニングだぁ。『ロックのハート』来月もお楽しみに。読んでくれなくちゃ、月に代わっておしおきよ！　おぉ日本語が乱れちょる。ごきげんよう。

みさっちゃんの目玉焼き

この映画を観たのは、なぜかロンドンだった。「あぁ、むかし住んでいたお家だ」と思ってしまうくらい、懐かしいにおいを感じたのはなぜかしら。
私はトトロに会ったことがある（気がする）。
「歩こう、歩こう、私は元気!!」をテーマソングに、ロンドンの街を歩き回った。主人公さつきと、メイのお話。今月中にぜひ観てね。

HEART OF ROCK'N'ROLL

ロックのハート

WATANABE MISATO

第十五回『素敵になりたい』

きっときれいな人って内面が外に表れてるんだよね。要は〝きれいになろうと努力する気持ち〟が大切なんじゃないかな。でもやっぱり特効薬は〝恋する気持ち〟。恋する女の子は何歳であっても〝微妙なお年ごろ〟なのです。

文◉渡辺美里

HEART OF ROCK'N'ROLL

〝そういえばあの子、最初に会ったときよりずいぶんこのごろすてきになったなあ〟。ボサボサ頭の髪をふり乱して、レコーディングに集中している合間、ふっとそんなことを感じることがあった。女の勘はスルドイのである。そして、美里の勘は、〝よう当たる〟と評判なのである。まあ、何かいいことがあれば、お知らせが来るでしょうと思いながら、だれに自分の直感話をするでもなく。2年ぐらい前のことだ。

「ねぇ、ねえ、何かいいことあった？ 今、恋してるでしょう？ だってなんだかとてもきれいになったもん」なんて、下世話なこと、野暮なことは口にしたくない。はっきりいって、そんなことを口にするのも、されるのも私は好かん。それは、私がよっぽど超素直なひねくれ者だからかもしれないが、めちゃくちゃ落ち込んで泣きたい気持ちのときに、何かゲスト出演の仕事があって、相手の人に「美里さん、今恋してますね。だってなんだかキラキラしてますもん。ムフフ」と、なかば決めつけ的に言われてしまって返事に困った。〝ゲッ。マジかよぉ〟って思っても、それを言葉にするのもなんだし、なんと答えたか覚えていないけど、とにかくなんだかムカついていた。それは、そのとき私の心にまったく余裕がないほどに落ち込んでいたせいかもしれないが（今となっては、何をそんなに落ち込んでいたのかまったく思い出せない、お気の毒な私）、相手の言葉に続く、見え隠れする〝ゲスの勘繰り〟に対してひじょーにハラが立ち、やだな、品がないなと思ったことだけはしっかりと覚えている。

実際、女の子がきれいになったり、変わったり、すてきになったりする原因って不思議なくらいたくさんあるんだもん。もちろん恋をしたときのエネルギーは相当なもので、圧倒的なものがある。睡眠時間が少なかろうと、お化粧なんてしなくても、他人から見てエネルギッシュに見えたり、自分でもなんとなく自然に力がわいてくるように思えたりして。

きれいになったねとか、かわいいねって言ってもらえるのはだれでもうれしいことである。だれだってほめられてイヤな気持ちになる人は少ないだろう（前例のような場合は別）。自分ではまったくそんな気はなくても、なんだかんだと言われたら〝そうかな でへへぇ〟。〝ほめられ～なんだかうれしいホルモン〟が分泌されて、うきうきしたりするものだ。「そのシャツ、似合ってるね」って言われて、うれしくて、同じのばかり着てた。いつの間にか〝それしか持ってないんじゃないの〟とか思われたりして（笑）。

いつのころからか、「六月の花嫁は幸せになれる」という言い伝えはだれもが知っていること。いわゆる、〝ジューンブライド〟というものだ。どういう言われがあるのか、私は知らないけれど、これを読んでくれているピーウィーズのなかにも、結婚するなら6月!! ジューンブライドがいい!! とほのかにあこがれている人もいるでしょう。もちろん好きな人といっしょなら、いつだって、何月だってかまわないわとお考えの方も多いでしょう。

6月に限らず、私のまわりは最近、何度目かの寿ラッシュであります。月に一度は必ずといってよいほど、近しい人の結婚式やパーティーにお呼ばれする。喜ばしい席なのでなるべく出席したいと思うのだけど、どうも苦手なのである。主役である新郎新婦以上に感激してしまって、大泣きに泣いてしまうからである。どんな人にもそれぞれドラマがあって、それはものすごく劇的だろうと、平凡であろうと、超大作であろうと、ショートストーリーであろうと、だれかに伝えたいものであろうと、他人様にはペラペラ話すことでなかろうと、人にはそれぞれ物語があるのである。だからその物語の一端にでも触れてしまうと、私の感受性の針はびょびょびょーんと振り切ってしまい、それはまるで、『ニューシネマパラダイス』や、純君、蛍ちゃん、黒板五郎さんの『北の国から』を最初から全部見てしまったような、深い気持ちになってしまうのであります。

学生時代の友達とは、仕事をするようになっても、たまぁーに会えば、恋愛のことや、結婚のことで話が盛り上がる。〝このなかでだれかが結婚するときは友人代表で「てんとう虫のサンバ」を絶対歌おうぜ〟ということになっていた。結局、いちばん歌いたがっていた娘がいちばん最初に結婚したので「てんとう虫のサンバ」は歌わずじまいだったのだが、ついこの間、仕事仲間のパーティーでOLさんのお友達たちが♪口づけせよとはやしたて、そっとあなたはくれました、口づけせよとはやしたて、そっとあなたはくれました、口づけせよと♪新郎が新婦にキスするまで歌い続けるというシーンを目撃してしまった。〝わぁ!! これが、友人代表が歌う、あの「てんとう虫のサンバ」かぁ〟とびっくりして、すぐに、友人に〝あの、あの、「てんとう虫のサンバ」を今日聴いてしまったのよぉ。うひょー〟と電話したのでした。

また、つい最近では、10年くらい私の仕事をずーっとやってきてくれたスタッフがめでたく結婚した。まるで〝誠実が服を着ているようなまじめな人〟なので、彼にはスタッフのなかでもっとも幸せになってほしいと思っていたので本当にうれしかった。おめでとうの握手をしたら、例によって〝ジョーっ〟と泣けてきてしまって、これじゃまるで、K氏と私は昔何かあったように思われちゃうじゃないかぁとよけいなことを思いながら、心から幸せを祈った。パーティーのゲーム大会で、K氏の出身地である○○特産品のしいたけを一年分（ちょっとウソ）を見事に当てて 私はパーティーをあとにした。そのプリンプリンのしいたけを食べながら私は思うのである。私にとって、なりたい自分になるための道のりは、きびしく、どこまでも、どこまでも続いてゆく。たくさんキズついても、たくさんキズつけても、自分の体で確実に何かを感じながら「世界で一番遠い場所」にたどりつきたいと思っている。常に自分を見ている自分をもって。

いよいよ来月リリースになる初のベストアルバムマスタリングのため、ニューヨークへ行ってきました。このおみやげをお手紙をくださった方のなかから3名の方にプレゼントします。マドンナちゃんも愛用しているというMAC（マック）の口紅。フリーダム、ホープ、ビバ！グラムというタイトルがついているの。ちなみに私は、ハイ ボルテージというのをつけながら、この原稿を書いています。

みんなできれいになって、とびきりの夏を迎えよう!!

みさっちゃんの目玉焼き

ダイエットしたり、お化粧したり、いい服を着たり、エステに行ったり、たくさん恋したり、たったひとつの燃えるような恋に身をこがしたり……（すてきな女性になるためのレッスンには終わりがないのね）。ココロもカラダもアタマも磨き続けなくちゃ。自分でがんばらなきゃ、どんなに高いお金を出しても手に入れることのできない、清潔さと品のよさが、オードリーと、そしてサブリナの大きな財産。

HEART OF ROCK'N'ROLL

ロックのハート

WATANABE MISATO

第十六回；私の宝物 She loves you

手紙って、すごい。口で言うことも、心で思うことも、どっても大事だけど、それが文字で書かれると、口で言うのとも、心で思うのとも、ニュアンスの違う伝わり方をするもの。だから手紙を書くのは、ちょっと緊張する。

文◉渡辺美里

HEART OF ROCK'N'ROLL

　毎月、この「ロックのハート」に、とっても、とっても、ハートフルなお便りをいただき、ありがとうございます。デビュー以来いろんなところで、ファンレターやラジオへのハガキなど、たくさんの手紙を、文字を手にしてきました。読みながらつい、ニコニコしてしまったり、大声で笑ってしまったり、ほほぉーなるほど、と納得してしまったり、大きな涙をポロポロこぼしたり、手紙って、ほんと、あったかい。

　でもなかには、大いなる勘違いハガキや、〝失敬だな、きみ！　ハガキ〟、〝おみゃーにそんなこと言われる筋合いはにゃーだよハガキ〟、〝今の美里は美里じゃない、本当の美里がボクは……ハガキ〟など、私が私じゃなくて何なのだ、おまえはだれやねんとつっこみを入れたくなることもあるが、そういうのは、無視。（ここで仏の美里、ラジカルモード入り。ジィー、ガチャ）〝ざぁーけんなよ、殴ったろかあー！　ハガキ〟など、手紙といってもほんとにいろいろある。（これは主に、ラジオに来たハガキのことです。念のため）

　そうそう、何が言いたかったかというと、この「ロックのハート」にいただくお手紙は、楽しいハガキ、元気なハガキ、シリアスなハガキ、怒っているハガキ、お悩みのハガキ、泣き出しそうなハガキ、かわいいハガキ、ご質問のハガキなど内容はさまざまだけど、どれもみーんな、すごくキラキラしているんだよ、本当に。抱きしめたくなっちゃうくらいにね。そのひとつひとつに存在感があって、いつか、どこかで、この娘に会えるかな、なんて思わせてくれるもの。その言葉の、そして手紙のひとつひとつが、見えないけれど私にパワーをくれるし、大切なココロの宝物になる。ありがとう。

　私事ですが、この春、5月2日で、全身歌手デビューしてまる10年、10周年を迎えました。1985年、10年前のデビュー当日は大阪にいて、前日深夜放送を終えたあと、たぶん朝まで眠れずにいて、大阪のミナミあたりにある、街の小さな小さなレコード店に入って、自分のレコードを探した。すごーくドキドキしながら、渡辺のワ、わ、わぁーあったぁー！　マネージャー氏と、先月号にも登場したコンサートスタッフのK氏とともに7インチシングルを手にして、3人で「ムフフッ。あったね。でへへぇ。やったね。うれしいね」と、目と目で会話したのでした。そのあとはお約束の、レコード棚のいちばん前列に自分のレコードを移動させて、その店をあとにしたのでした。（何を隠そう、何も隠してへんけど、マネージャー氏とK氏はともに、私に西武球場と大阪球場での初ライブの話を持ちかけてくれた張本人たちである。デビューして1年もたたない女の子に〝野球場ライブ〟なんて、今思えばふたりとも、すごい心臓の持ち主に違いない。大きな〝かけ〟だったとも言えなくはないだろう。歌った本人がこんなことを言うとっても無責任な気がするが、ともかくそのふたりとともに10年目の西武球場を迎えることができるなんて！　私は本当にうれしい。感謝!!）

　時をマッハで進めて、1995年の5月2日、これぞ五月晴れ！　とばかりに青空が広がった日、初のベストアルバムのレコードジャケットの写真がプリントされてくるので、デザインの最終の詰めをするために打ち合わせに出かけた。天気もいいし、5月2日だし、キュロットパンツでもはいて出かけるべーと家を出た。

　「こりゃステキ」と思えるジャケットのデザインが見え始めて、ニコニコだったところへ、デザインスタッフが〝デビュー記念日おめでとう〟とケーキをごちそうしてくれた。

　そのあと、初の単行本の打ち合わせとライブの打ち合わせ、そして『She loves you』の次の曲の打ち合わせ（なんとまあ気の早い）と、かなりきゅーきゅーのスケジュールになっていた。ミーティングの時間になってもだれも現れないので「ったくもぉー。みんな時間にルーズなんだからぁ」と思いながら会議室のドアを開けたら、私の所属するレコード会社の人たちがたーくさん集まってきてくれていて、ちょっとしたデビュー記念日おめでとう会になったのでした。

　花束をくれた男の子は、風貌からいくとラップ系かレゲエ系が好きそうなコかなと思ったら「学生のころ、FMの番組聴いてました。ハガキも読まれたんですよ」と、ちょっと照れくさそうに話してくれた。ラジオを聴いてくれたコと今は仕事をいっしょにできるなんて、なんか、いい感じやなぁと思っていたら、次に別のスタッフから「10年間、突っ走ってきた美里ちゃん、これから先もいっしょに走って行きましょう」と、前から欲しいと思っていたランニングシューズをプレゼントしてもらった。とってもとってもささやかだったけど、その心づかいが胸にじいーんとしみちゃって、泣けてきちゃったんだ。これまたスタッフに感謝!!

　そんな折り、家で部屋の片付けをしていたら、たくさんのハガキの束を発見した。深夜放送をやっていたころの気にかかるハガキや、イラストがとっても上手な人のハガキ、元気が出るハガキなど。そのほかに、近しい人たちからのカードや手紙、エアメール、仕事の催促の手紙、仕事でトラブって、うまく心の交流ができなかった人からの手紙などなど。そのひとつひとつを読みふけってしまって、結局片付けはなんにもできなかったんだけどね。

　そんなハガキたちのなかに、去年亡くなった祖母からの昔のハガキがあった。かいつまんで言うと「……二日続けてあなたの出ているテレビを見ました。おばあちゃんにはロックだとか、音楽や、若い人のことはよくわかりませんが、たくさんの人に応援していただいているあなたの歌、あなたの書く詞、言葉、その言葉の奥にある喜びや悲しみ、強さ、やさしさは、八十過ぎのおばあちゃんにもわかる気がします……」と。

　嫁入り前の荷造りをしているわけでもないのに、涙がとめどなくあふれた。不精者の私がなんとなく始めた大掃除のなかで、改めて大発見した手紙たち。まるで宝の山を掘り当てたかのような気持ちになったのでした。

　あーもう書くスペースがない！　私の宝物の話、もっと書きたいのに!!　今度のベストアルバム『She loves you』は、筆不精な私が10年間に書きためた、みんなへのラブレターです。受け取ってください。

みさっちゃんの目玉焼き

　1995年、この年を私はきっと忘れられないだろう。なぜなら、デビュー10周年ということもあるが、生まれて初めて7頭ほどのイルカの群れと、クジラの親子に遭遇することができたからだ。シシリーのタオルミナ、南米ペルー、ギリシャ、コートダジュールなど、旅をしたくなる気持ちをかきたてられ、海、水＝アクアの魅力にとりつかれてしまいそうだ。理屈抜きに気持ちいい映画。「世界で一番遠い場所」のカップリング曲、「プロミス」の歌詞にも登場する『グレート・ブルー』の完全版。

Heart of Rockin' Roll

Misato's Information

初のベストアルバム「She loves you」、そして10年間の貴重なショットをバッチリおさめたビデオ「Born 9」が7月15日同時リリースされます。さらに初の単行本「SHE LOVES YOU Yeah! Yeah!」（小社刊）も7月20日に発売。聴いて、見て、読んで8月5日西武球場に行こう！ 今回の原稿を読んで手紙を書きたくなったら、PeeWeeまで。

HEART OF ROCK'N'ROLL

ロックのハート

WATANABE MISATO

第十七回：私の宝物　その７　SHE LOVES YOU yeah! yeah!

宝物＝宝石、アクセサリー。それ自体に価値があるのももちろんなんだけど、それに何かの意味が込められているからこそ、宝物に成りうるんだと思います。あなたの大切な宝石箱には、思い出と、何がはいっているのかな。

文♡渡辺美里

HEART OF ROCK'N'ROLL

みなさーん、夏を満喫してますかぁ。私は元気です。"ふっ"と気がつくと、ベランダにはたくさんの朝顔たちが"イェーイ！　私たちの季節よ!!"とばかりに咲き誇っています。みごとな大輪もあれば、まるで女子高生の集団みたいなミニ朝顔もあって、いま、うちのベランダはとてもにぎやかですよ。なかでも去年植えたきり、なんの世話もしなかった謎の球根"トゥルーラノ"は今年も、鮮やかなオレンジ色の花を咲かせています。

さて、今日は、香川県高松市の恵美ちゃんからのおハガキ。「美里さんは、大切な銀の指輪がサビてしまったりしたことがありますか？　私は会社に行くようになってから、アクセサリーをつけることがあまりなくなってしまったのだけれど、休みの日に取り出してみると……がびーん♠わたしのいちばんのお気に入りのイヤリングと指輪がサビているではありませんか。もう、大ショックです。サビちゃったらもうダメなのかなぁ。サビないようにするいい方法を知っていたら教えてください。また、美里さんのいちばん気に入ってるアクセサリーはどんなものですか？　私は"うずまき型"にとても弱いのです。私の持ちものをフト見るとうずまき関係の多いこと！……」

サビないようにする方法ねぇ。身につけるものだからどうしても、水分や油分が知らず知らずのうちについちゃったりするだろうから、こまめにお手入れする必要があるんでしょうね。なんでも、錠剤で水に溶かすタイプのお薬があって、たとえば"入れ歯洗浄用ポリデント"とか入浴剤のバブみたいなものの、アクセサリー用のものがあるらしいよ。コップに溶かして指輪などを入れておくと、ピカピカになるものがあるらしい。しかし、私は使ったことがないので、その道のプロ、アクセサリーのプロにちゃんと相談してみたほうがよいと思いますよ。

デビュー当時はとにかく、おもちゃでもなんでも、ペコちゃんだろうとアトムだろうと、ありったけ全部をじゃらじゃらつけて'60年代、'70年代のサイケでヒップを気取ってたつもりだったこともあったなぁ。今見ると、どんなに真剣な顔して歌っていても、マイクを持つ手がペコちゃんだと笑っちゃうけどね。

19歳のときに初めてニューヨークへ行ったとき、イーストビレッジというところで"ジャニス・ジョップリンがつけていたのと同じだ!!"指輪を発見。指の半分を覆うくらい大きなもので、真ん中に鮮やかなグリーンの石がはめこまれていた。それにブレスレットが合体しているもので、けっこう、それそのものに束縛される感じだったけど、ジャニスといっしょだわと思ったらなんともうれしくなったものだった。でも、よく、よく、よーく見るとジャニスのは黒に近いような、ブルーのような、あまり詳しい資料がないので正しい色は定かではないのだけど、私のものとはちょっと違うということだけはわかった。なんとも思いこみの激しい私。でもいいの。そのころは本当にジャニスのような気持ちで激しく歌えたから。なんだか思いこみだけで生きてきたようなふしもあるが、それは決していいことばかりではないので注意しなくっちゃ。

その突撃思いこみ隊の時期を過ぎてからはほとんどアクセサリーをつけないことが多くなった。もちろん、コンサート、雑誌の撮影、テレビのときなどは、そのとき、その場に応じてポイントをつくっていくけど。

このところ立て続けに宝石箱をプレゼントされることがあった。ひとつはアメリカのアリゾナ州はグランドキャニオンのおみやげで、木彫りで民族調のものが彫ってあって、真ん中にターコイズのような石がはめこまれているものと、もうひとつは、イタリアはミラノのおみやげで、ピカピカのシルバーで、パコッとふたを開けるタイプのものだ。内側は赤いベルベットみたいなのが張ってあって、手に取るとずっしり重い。

うーん、困った。こんな立派な宝石箱をいただいても、肝心の中に入れるものがない。♪そーおーねー誕生石ならルビーなのー♪と、7月生まれの私の誕生石は、ルビー。いわゆるピカピカのルビーの指輪は持っていないけど、ちょっと変わった、しぶーい色のロックっぽいルビーの指輪を去年手に入れた。それをつけるときはつい歌ってしまうんだ。♪そーおーねー誕生石ならルビーなのー♪と。

以前、デビュー5周年のとき、両親から、つまようじでほじほじできそうなくらい小さな、でも、輝きはまぎれもなく本物のダイヤモンドの指輪をもらった。うれしくって、いつでもどこでもつけて歩いてた。あるとき、それは5年目の西武球場のリハーサル。バンドのメンバーとともに目の前に鏡のあるスタジオで音作りをしていた。リハーサルも佳境に入り熱くなってきた。スタジオの床に目をやるとなにやらキラリと光るものが。「あ、ギターの弦が落っこってるな」と思っていた。数日後、ふと私は自分の指に目をやると「あーーー!!　ない。ダイヤがない!!　つまようじでほじほじできそうな、お父様、お母様にもらったダイヤモンドがない!!」あわててスタジオに行き、床にはいつくばって探してみたけどあとの祭り。きっとスタジオの人がほうきか何かでレレレノレーとばかりに私のダイヤモンドを掃きとばしてくれたことでしょう。今でもそのスタジオに行くと、つい床に目が行ってしまう私であります。

しばらくその事実を言い出せないまま時は過ぎた。そして今年、誕生日とデビュー10周年と、『She loves you』発売記念と、『SHE LOVES YOU Yeah! Yeah!』完成記念と、西武球場V10祝いとして、ふたりの弟たち、そして両親からティファニーのシルバーの指輪をプレゼントしてもらった。わぁーい、やっと宝石箱に入れられるものができたぁ。もう、絶対失くしましぇん。

みんなもこの夏、一度しかない'95年の夏、自分だけの大事なもの、大事なこと、しっかりGet!　Get!　Get!　してね。ピース。

みさっちゃんの目玉焼き

ひとりの少年が成長していくなかで、6歳年上の従姉（ジョディ・フォスター）が、気がつけばいつも、そばにいてくれた。人生の節目、大切なときに。
もしかしたら、いや、きっと初恋の人だった従姉の死をとおして、大人になった少年のほろにがい思い出や記憶をたどってゆく。
この夏、あなたのそばにはだれがいますか。

Heart of Rock'n' Roll

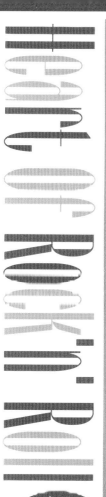

Misato's Information

発売中の初の単行本『SHE LOVES YOU Yeah! Yeah!』はもう見てくれたかな？ 10年分のビジュアルはもちろんのこと、インタビューも充実した内容で見ごたえ、読みごたえバッチリの単行本です。みさっちゃんは早くも次のアルバムに向けてレコーディングに入る予定。おたよりは〒156-91東京都世田谷区千歳郵便局私書箱15号ソニー・マガジンズPeeWee「ロックのハート」まで。

HEART OF ROCK'N'ROLL

ロックのハート

WATANABE MISATO

第十八回：「10years」……未来

10回目の西武球場は、天気も味方についた。地面は濡れていたけど、空にはきれいな夕焼け雲、そしてお月さま。みんなの"晴れますように"の願いが届いた、8月5日。男の子も女の子もみんな、とってもいい顔してたよ。

文◎渡辺美里

HEART OF ROCK'N'ROLL

今、私は、とても不思議な気持ちでいます。まだだれも触ったことのないものに触れてしまったような、足を踏み入れたことのない場所に入り込んだような、決して目に見えるものではなく、この手に"ギュッ"とつかめるものでもないのだけれど、とてもしっかりとした"何か"を抱いています。そう、大きな仕事をしてもいいカタチで終えられたという、超プロフェッショナルな集団の一員として充実した気持ちです。

老若男女問わず、どんな人にとっても一生に一度しかない'95年の夏、そして私にとっても生涯に一度しかない超スーパーウルトラスペシャル大事な'95年の夏が終わった。

約半年ぶりにコンサートが行なわれるということもあって、初日の名古屋のレインボーホールは異常なまでの盛り上がりとテンションがあった。7月28日、"日本でいちばん暑い場所"とニュースの天気予報で発表されていた日の大阪城ホールで"世界一いちばん熱いライブ"を行なった。

そして、8月5日、10年連続、V10西武球場ライブを終えて、私は今、すごく清らかな気持ちでいる。ライブだけでなく、アルバムを作り終えたときや、撮影がちゃんとできたときのみ味わえる特別な気分だ（まぁ、そうしょっちゅうお目にかかれる代物じゃあございませんがね）。日常生活、ふだんは本当に"ズーダラ"な私が、仕事となるとガラッと変わる。チャラチャラしてるのは大キライなので、別人28号に変身して必殺仕事人と化してしまうのであります。

とにかく、今はまだ体中に熱さが残っていてポーッとしています。今日の原稿は西武球場ライブを終えてすぐに書き始めたので、ドキュメントタッチになるか、ライブレポートになるか……私にもわからにゃーい。まだまだ熱っぽいので真夜中に書くラブレターみたくなっちゃうかも。

今年の夏は冷夏だという予想に大きく反して、それはそれは暑い暑い真夏日が続いていた。「こんなに晴れ続きで、こんなに気温が上がったら、夕方あたりパラッと夕立がくるだろうなあ」と天気予報士の森田さんのような気分で、その反面、まわりのスタッフに言うと、口に出してしまうと、泣きたくなるほど不安になりそうで、だれに言うでもなく、吸いこまれそうな青空のなかリハーサルを進め、その合間に私はぼんやり、そしてにらむように空を見ていた。

気がつけばここ数年、夏の私は、さすらいの旅人のように空ばかり見ていた気がする。走り去ってゆく雲のかたちを追いかけたり、ぐんぐん、ぐんぐんのびてゆく入道雲をじーっと見ていた。20歳のとき、初めて大阪球場でライブをやったときも、そのステージに立ってとろけそうな暑さのなか、刺すような太陽と、青空と、"ガンコずし"の看板を見ていた。震災前の西宮球場の空の青さも、目に焼きついている。

初めて西武球場の舞台に立ったとき（これもハタチのとき）、デビューしてからしばらくの間は、とにかくすさまじいスケジュールでツアーをやったり、レコーディングをしたり、ラジオ番組を作ったりしていたので、太陽とはまったく無縁の生活をしていた。そんな私に1986年の夏の太陽は容赦なくギラギラの日差しを照りつけてきた。

空の色や雲のかたちでだいたい年代がわかる。あっ、'87年の空だ、'88年の太陽だ！ '90年の空だというふうにわかるぐらい、空を見ていたように思う。

そして今年の空も暑さもハンパではなかった。各地で記録的な暑さが発表されているなか、西武球場もかなりの気温になっていたと思う。それプラス、グランドを保護するためのビニールシートのために、照り返しと熱がたまって、球場内は50度近くになっていた。「ひぇー!! あのデスバレーでさえ50度に達していなかったというのにー!!」。驚きと、今日のコンサートへのすてきな予感を胸にリハーサルを始めた。

2日前から舞台を作り、PA、照明を仕込んでくれたスタッフたちは、みな準備万端、「美里、いつでも歌ってくれよ！」といわんばかりのりりしさと頼もしさで私を迎えてくれた。照明スタッフのN氏は、私より歌詞をしっかり覚えているのでは㊫と思うほど、コンサートの間中ずっと歌いながら仕事をしているファンキーな人で、裸足で照明卓に向かっていた。「ここは聖地ですから」と。そのひと言を聞いただけで最高にうれしかった。

デビュー以来ずっと私は超プロフェッショナルな集団を、チームを、ファミリーを作りたかった。ずいぶん遠回りもしたし、くじけたし、失敗もしてきたけど、やっと理想のファミリーに近づけたかなと思う。

3時間半近くのコンサートを言葉に、そして文字にするのはとてもむずかしい。到底できそうにない。一曲一曲、一分一秒を大事に大事に私は歌った。コンサートの良し悪しは目に見えるものでも、形に表れるわけでもない。素潜りで120m海中に潜って世界記録を出した『グランブルー』のジャック・マイヨール氏のように、数字として感動やその記録が残るわけでもない。ビデオやレコードにも収まりきらない"何か"がライブにはある。その何かをちゃんと言葉にできないのがくやしいけれど、その場所に来てくれた人は、その形にならない大きな大きな宝物を、きっと持って帰ってくれたと信じている。

今回ライブに来られなかった人も、まだ"ライブのマジック"に出会ってない人も、ぜひ、"美里マジック"に出会ってみてください。いつも大きく扉を開けて、新しい人とめぐり会ってゆきたい。10年目の夏、10年連続の西武球場を私はゴールだとは思っていない。「GROW-N' UP」という曲でグラウンドをぐるっと1周したら、道はまだまだ先へ、どんどん前へ前へと続いていくのが見えた。

たくさんのありがとうと、ありったけのKISSを。

みさっちゃんの目玉焼き

デビューする前、今のスタッフに「美里、そんなことしてたらジャニス・ジョップリンみたいになっちゃうよ」と言われたことがあった。「だれ、それ？」と私。夜明け前のラジオから、激しい彼女の歌を偶然聴いた。18歳のころ、そんな運命的な出会いをしたジャニス・ジョップリンをモデルにした映画が『ローズ』である。ドラッグと仕事でボロボロになりながらもステージでは激しく歌い叫ぶ。ローズに扮するのはベッド・ミドラー。27歳で亡くなったジャニスとローズと自分のステージを重ね合わせたりするほど私はナルシストではないよ。だってすばらしい拍手をいただけるのも生きてこそだもの。

HEART OF ROCK'N'ROLL

ロックのハート

第十九回：Live・Love・Life!（リヴ・ラブ・ライブ）

だれにだって好きなこと、夢中なことはあるよね。それがいつかはやらなくてはならない〝仕事〟になるんだったら、本当に幸せなこと。目先の幸せだろうと、10年後の幸せだろうと同じこと。夢に近づく努力をしてみようよ。

文◎渡辺美里

HEART OF ROCK'N'ROLL

東村山市の美保ちゃんからのおハガキ。

〝みさっちゃあーん♡　コンニチワンダフル♡……（中略）私は、お勉強にそろそろ本気にならねば……と思っている今日このごろです。高3なので、進路の問題がすごく具体的になってきました。私には、小さいころから、美大に行ってデザインの仕事をする、という夢がありました。高2までずっと悩んでたんです、本気で美大を目指すかどうか。でも、ほんのチョット勇気が出なくて、美大はあきらめてしまいました。今さら、また最近、後悔の気持ちがムクムクと現れてきたけど、今の私の目標は、ふつうの大学の芸術学科に進むこと。美大と違って作ることはしないけど、美術にやっぱり少しでも触れていたかったから。もう振り返らないで、今の目標に突っ走りたいと思う。たぶん、そこでまた何かが見つかるって信じてるから。みさっちゃんの曲でパワーつけるよ！

みさっちゃんもがんばって突っ走ってくださいねー！〟

サンキュー美保ちゃん♡　がってんだ！　エンジンかかっちゃったら、ターボ付き猪突猛進（しかしエンジンかかっては、ターラタラのスーダラダ、な私）いのししよりまっすぐに（ちなみに今年はいのしし年だった。もうすっかり忘れてた）そして、馬のようにしなやかに突っ走る、ひのえうま生まれの私であります。少し前にいただいたハガキなので、今ごろはきっと、自分で決めたことに向かって突き進んでるころだろうなぁ。

やりたいことと、やれること。自分に向いていることと、そうでないこと。あきらめないでがんばることと、いつまでも夢にしがみついていないで自分のことは自分で見極めること。好きなことを続けていくこと、そのために必要なこと。好きなことをやるための、そうでないこと。などなど　未来へ続く道や、夢へ向かう道、自分から伸びてゆく道は一本ではないんだなぁと最近つくづく思う。遠まわりの道、でこぼこ道、寄り道、近道、グローリーロードにヴィクトリーロード……。

実は私も、中学生のころ、普通科ではなくて、音楽の学校に進みたいと思ってた。10歳のときに〝歌う人になる！〟と決めてから、私の興味と好奇心のほとんどは音楽と、歌と、声とに向けられていたように思う。今思えば本当に幼くて、つたない考えだと思うけど、10歳のときは10歳のときなりの、全身の針が振り切った状態だった。そして13歳のとき、私は大胆にも東京芸術大学、そう〝芸大〟に進みたいと本気で思っていた。芸大の声楽科に行ければきっと……。なぜ芸大かというと、ただ単にほかに知らなかったからだけなんだけどね。

中学1年生のときの大好きだった担任の先生に「先生、私、将来芸大に行きたいと思っているんですけど」と相談した。大草原の小さな家の、ローラのお父さんに似た先生は「ほう、それはまた大変そうだなあ。まぁ、美里が本当にやりたいことが音楽なら、がんばってみるといい。オレより、音楽の○○先生に相談してみたら」。そのころ、コーラス部に所属していた私は、顧問でもある、ステラおばさんのようにコロッとした体形の音楽の先生のところへ行った。「先生、芸大に行くには、どのような勉強をしたらいいのでしょう？」「ほう、それはまたずいぶんと大変そうな選択ねぇ……。たとえ声楽科でもピアノは必ず、かなりやっておかなくては。1日にだいたい……10時間は練習しなくちゃね……云々……」なんと!!　声楽科に進みたいがために、1日10時間もピアノを!!　10時間というのはその先生の基準であって、もっと練習量が多い人もいれば、少なくてもよい人もいるだろう。しかし、10時間というとてつもない数字をきいて、私はすでに「やーんぴい」と思ってしまった。

3歳のころ、暑い暑い夏の日に、ブドウ畑か何かの道を抜けて初めてのピアノレッスンに行った。大きなピアノにさわって、[illegible]もあるおたまじゃくしの音譜を前に、私は思うように弾けなくて「もう、帰る！」と1日で投げ出してしまった。このときのことを、なぜだかとてもよく覚えている。いちばん遠い記憶のなかのひとつに思う。人生最初の挫折はそのときかもしれない（笑）。

それから数年後、7歳のとき、再びピアノのレッスンを始めたけれど、やっぱり練習をするのが好きじゃなくて、長続きしなかった。1日40分ピアノの前にいること、というのが決まりで、コックリ・コックリ居眠りしながらピアノを弾いて、40分きっかりでドッチボールや、太平洋横断（知ってる？）をしに外に飛び出していった。

歌うことは大好きだけど、それを勉強するためには、当然のようにピアノも試験に出るなんて。今思えば、もしその努力を惜しまずにやっていたら、エルトン・ジョンや、ビリー・ジョエルのような曲がバキバキ作れたのかなぁ、と多分の後悔があるのは、正直なところ。

芸大はさっさとあきらめて、それでも歌を勉強したくて、ご縁があってもともとオペラをやっていた先生について発声を習い始めた。〝あぁ、これが私が学びたかったことだ！〟とばかりに、勉強するのがとても楽しかった。中1と、中2・中3とは違う学校に通っていて、その中2・中3は[illegible]時代だった私にとって、お稽古ごとは砂漠の砂に水が与えられるようにグングン吸収していたように思う。

発声だけでなく、コンサートはもちろん映画やお芝居、そして体で感情を表現することの大切さなど、情操、教育的なことまで、歌うことがただ単に声を出すことだけじゃない、〝歌は「ココよ」〟（笑）などと言葉にすることもなく、喜びも、悲しみも、愛することも、旅することも、出会いも、日常も、非日常も、自分に起こるすべてが、表現することにつながっていくことを、ものすごくナチュラルに教えていただいたように思う。でも、それに気がついたのは、つい最近なんだけど。テヘヘ……。

そう、まさに、リヴ・ラブ・ライフよ!!　指を、サインはVではなくて、私の写真のようにLリヴ・Lラブ・Lライフとポーズをとってね。ロックのハートのポーズであります。

ここで夏の終わりに行ったサンフランシスコのおみやげ。チェリー・グレープ・バニラ・ペパーミント味のリップを5名様にプレゼント。欲しい人は応募してね!!

前のN.Y.のおみやげくんは沖縄県の小田美幸さん、北海道の森田早苗さん、宮城県の佐藤春美さん、当選です。おめでとくん。

みさっちゃんの目玉焼き

ニューヨークで生活するブロンディ（アンディ・マクドウェル）は園芸家。温室付きのすてきなアパートに住むための入居条件は既婚者であること。いっぽうフランス人の自称芸術家ジョージ（ジェラール・ドパルデュー）は、アメリカで働くための許可証〝グリーンカード〟を手に入れたかった。お互いが自分の欲しいものを手に入れるための、書類の上だけで夫婦になる偽装結婚……のはずが、少しずつ真実の愛に目覚めてゆく……？　本当のLive Love Lifeはインスタントじゃつかめない。

HEART OF ROCK'N'ROLL

ロックのハート

MISATO WATANABE

第二十回：たこやき

秋といえばきんもくせいのかおり。夜道で建物の外に出たとたん、あの匂いをかぐと、おなかいっぱいになったような充実感があるよね。でも実際に食べ物がおいしくなるというのも事実。日本にある四季の恩恵のひとつです。

文◎渡辺美里

HEART OF ROCK'N'ROLL

食欲の秋に限らず食べ物を、食事を〝おいしい!!〟と思えるのは、とてもうれしいことだ。何よりちゃあーんとお腹がすいてくるというのは〝あー、健康だなぁ〟と実感できる気がするからだ。しかしときには食べても食べてもすぐお腹がすいてしまって〝私はどこか悪いんじゃないか? どこかこわれちゃったんじゃないか?〟と思ってしまうこともあって困る。この現象は私以外の数人からも証言を得ているのでちょっと安心。

四季折々の味覚はその時々にタイミングよく味わうことができた日には〝ぷはぁー〟〝おいしいわぁ。やっぱり日本はええわぁ〟とまるでおばあちゃんのようなことを口にしたくなったりするものだ。私は決してグルメだとは思っていない。しかし決して味音痴でもないと思う。いやどちらかというと今のところ、人生の三分の二を母の手料理で育ってきて、仕事をするようになって三分の一を外食で育ってきた私は、味覚に関しては〝絶対音感〟の持ち主だと思っている。〝好みの問題だ〟と言えばそれまでだけど、たとえばA氏が教えてくれたレストランはパーフェクトにどれもおいしいレストランばかりだが、B氏が「僕の絶対のおすすめさっ」と教えてくれたところは超イマイチなんてことがあったりすると（実話）、あくまでも好みの問題ではあるが、味覚にも絶対音感、シャープぎみ、フラットぎみ、味音痴とあきらかに個人差があると思う。

今はいつなんどきでもいろんな果物や野菜、そのほかのものも手に入りやすくなって、そのぶんあまり季節感がないというのが現状だけれど、お正月にはおせち料理（手抜きおせちも可）、七草がゆで胃を休めて、春には菜の花のおひたし、たけのこごはん、たけのこの木の芽あえ、つくしんぼの卵とじ（本当は苦くて苦手）。夏になればまっ赤にうれたトマトに塩をかけて〝ガブリ〟、すいかに焼きナス、秋には脂ののったサンマ、クリ、松茸ごはんにどびん蒸し、冬にはやきいも、毛ガニ、ユリ根入りユズ風味の茶わん蒸し、おでん（年中作れるが、冬のだいこんは甘味が増すのでよりおいしいらしい）などなど数え上げたらきりがないほど、季節ごとの味というのはたくさんあるものだ。もちろんわが家の食卓は今あげたものがひんぱんに出てくるほど、鮮やかで華やかなときばかりではないが、それでもときどきは季節のもので彩られていたのを覚えている。

レコーディング中はそうした味わい深い食事とはかなりかけはなれた食生活が続く。できあいのお弁当、出前のそばやうどん、コンビニのおにぎり、そば屋のカレー、オムライス……など。まぁなんやかんやいっても、食べたいときに食べたいものをすぐにいただけるというのは、何よりこのうえない幸せを感じるものだ。

食欲、性欲、所有欲、物欲、名声欲（?）……。金銭欲、独占欲etc. etc. ……。欲を言ったらきりがないとはよく言ったもので、中でも手ごわいのは食欲のような気がする（これもまた個人差がかなりあるとは思うけど）。食べたいと思ったらモーレツにそのものが食べたくなって、口の中いっぱいにすでにそのものの味が広がってしまうのである。昔のコマーシャルで〝いなりずしが食べたい〟というのがあったけど（覚えてるかな）まさにそれ!〝はまってしまう〟とさあ大変。たいていのことは日本女性の極致のように我慢できても、その食べたいゾーンにハマってしまうとすごいことになる。その時、その時期によってハマるものは違うが、去年の私は〝たこやき〟だった。家で映画を見ていたとき、〝うーん、たこやき食べたいなぁ〟と思った瞬間、車のエンジンをぶるんとかけて、たこやきを求めて走りだした。〝きっと公園の近くなら、店が出てるだろう〟と〝たこやき〟と書いた旗を求めて公園まで走った。〝あった!!〟車を路上に止めてたこやき屋さんに走り寄ったら、私の前の人で「ちょうど売り切れでーす」。〝うぇーん、こんなことってあっていいのかぁー!!〟と思いながらも頭のなかでは次のたこやき地、いや目的地を考えていた。結局近所では見つからなくて、国道をぐんぐん走ってとなり町まで買いに行ったのでした。

またレコーディング中にも一度たこやきが食べたくなって、スタジオの受け付けの女の子に「申し訳ないんだけど、おいしい京風たこやき、買ってきていただけますか」とお願いした。「はい、わかりました」と彼女はこころよく引き受けてくれてお金を受け取った。そしてその後3分ほどしたら「美里さん、これ……」といって彼女が差し出したものはなんと「たこやき」。ほんのついさっき頼んだブツがもうすでに目の前にあったのだ。「あー!! たこやきだぁ」と思わず声に出して言ってしまった。「どうしたの、ずいぶん早いね」「隣のスタジオの人が余分に買いすぎちゃったので、よかったらどうぞって」「わぁーい、ありがとう。遠慮なくいただきまーす」

あのころから比べると東京都内には今、驚くほどたこやき屋さんが増えている。

〝指が覚えた電話番号〟ではなく、幼いころからつちかわれた味覚というものはそう変わるものではない。最近の子供たちのなかにはできあいのものに慣れてしまって、たとえばおかあさんが作るハンバーグよりも外のもののほうがおいしいと感じる子が少なくないらしい。その点、渡辺家は違っている。魚の食べ方、箸の持ち方など（ひじなんかついたりしたら、ぴしゃーっとひっぱたかれた）厳しく育てられたぶん、味のチェックには私も弟も厳しい。「ほんまにうちの子たちにはかなんなぁ」と母は言う。

そして'95年、今年の私はアメリカンドックにハマってしまった。『リブ・ラブ・ライフ』のマスタリングのためロサンゼルスに行った際、ベニスビーチで食べた〝コーンドック〟（アメリカではそう呼ぶ）がとてもおいしかった。そしてサンタモニカで購入したジャケットとスカートを今日は着てみました。

そうそう、サンタモニカで食べた〝すずきのなんとか焼き〟は母の作る西京焼きにそっくりの味でした。不思議だ。

みさっちゃんの目玉焼き

現代社会では、家族というものがとても複雑化している。ほかの人にはそう簡単に話せない事情や、話す必要のないこと、理解しにくいことってたくさんあるよね。逆に家族だからこそ、見えない甘えなんかも出てきちゃったりして、ますますややこしい。私の友達（アメリカ人と日本人のハーフ）でも、おかあさんの再婚相手のことをおとうさんとは呼ばずに〝おかあさんのだんなさん〟と言う子がいる。家族って小さな小さな宇宙みたいだと思わない? かけがえのない大切な場所、わかりあって、話しあって、抱きしめあって。いつかは私もすてきなFamilyをもちたいな。たこやきおいしいなって〝はふはふ〟言えるような。

Heart of Rock'n' Roll

Misato's Information

ライブアルバム「Live Love Life」のリリースももうすぐ（11／13リリースだよん）。ブックレットや超スペシャルなジャケットなど、完全生産限定版だけあって、貴重モンの仕様なんで、期待してね。ただいまみさっちゃんはレコーディングの真っ最中。でも毎週金曜日にはＦＭ横浜「ノーサイドステーション」で元気な声を聞かせてくれてます。金曜日22：00にはラジオの周波数を84･7に合わせよう！

HEART OF ROCK'N'ROLL

ロックのハート

第二十一回：「シンシアリー」

渡辺美里女史も作家としてデビューしてから、2度目の新年を迎えます。この原稿、そして音楽を生む作家、美里先生ですが、環境、気持ちのリフレッシュ、そしてもちろんみんなの応援が栄養のもとになっているんだね。

文 渡辺美里

“今年もよい年になりますように”“'95年もがんばるぞっ”と心に秘かな誓いを立てたかと思ったら、もう師走。しわす。12月!! 原稿用紙に向かってふふふん♡と愛のピーウィー原稿を書き上げたわーと思ったら、もう次の号の締め切り日。けっして人様に後ろ指をさされるような自堕落な日々を送っているつもりはないのだけれど（いや、勤続10年、職場も変えずけっこうがんばってるほうだぞぉ）あっという間に時間は流れ、締め切りはやってくる。

編集者の催促と締め切りに追われる気分はちょっぴり大先生。目の前はどこまでも続く海だけ。純和風の品のよい旅館で創作活動にだけ専念する……。人里離れた山の中に庵をかまえ、山菜などいただきながらひたすら書く……。さびれた漁村に住みつき、地元の人々と親しくなり、とけこみながらも、愛する人とともに静かな生活を送りながら書き続ける。根なし草のようにさすらいの旅を続けながら己の苦悩と世の不条理に胸を痛め、しかし、自分の気持ちに正直に、愛に生きてゆく……そう、まるで、女・火宅の人のように。そんな環境だったらチョチヨイのチョーイ！ で原稿書き上げちゃうのになぁー。アハハン。勉強しない子が“机、買ってくれたら勉強するもん”とか、“自転車買ってくれたらがんばるもん”とか“あの文房具があればやる気出てくる”などと言っているようなものだ。何やかんや言うても、純和風の品のいい旅館も、庵も、山菜も出てきそうにないのでこのへんでやめにしておこう。でもひとつだけ、創作活動において、環境と心の居場所は私にとってとてもとても重要なものであることは確かな気がする。

この10年間、いつもなら今の時期は全国ツアーの真っ最中である。スタッフという大家族とともに日本国中を飛びまわる。といっても、『課長 島耕作』のようにはいかず、超低血圧な私は朝がつらい。這いつくばるように起きて、なんとか駅、または空港にたどりつく。自分自身、納得のいくステージをするためにもベストコンディションでのぞみたいといつも思っている。そして、そのベストな状態を数ヵ月もキープし続けるためにツアー中はとても神経を使う。

もちろん、アーティストによってはガンガン歌って、ガンガン飲んで、ガンガン遊んでもへっちゃらな人もいるだろう。私の場合、6時半の女としては、幕が上がるまでにベストな状態にもっていき、ぶっちぎりの状態でステージにのぞむようにしているので、移動中、オフステージや旅先の駅に着いてもまだボンヤリしていることが多い。

ずいぶん前、とあるツアー先で（本当はしっかり覚えているけど）タクシーに乗ってコンサートホールに向かっているとき、例によって体調めちゃくちゃヘビー状態だったときに、ジトッとした男子の視線を感じた。案の定あとから手紙が来て「“私はけだるいロックシンガーよ”さながらの雰囲気でしたね。ぐちぐち……」と書いてあった。なんていやな言い方をするヤツだろうと思ったが、痛いとか、つらいとか、シンドイとかいうのは、同じような思いをしたことがある人、もしくは本人にしかとうていわからない痛みであり、あえて口に出して言わないぶん、なかなか理解されないのだろうなと思った。

'95年の夏は私にとって、とてもとてもスペシャルな夏だったけれど、秋はまた別な意味で特別な秋だった。「秋の空って、こんなに青くて高かったっけ」「秋の空気ってこんなに澄んでたっけ。深く吸いこむと胸にすーっとしみてきて気持ちいい!!」「金木犀の香りだぁ」「どこかでだれかサンマ焼いてるな」「暑くもなく寒くもなく秋ってこんなにすてきな季節だったんだぁ」「どんどん、どんどん、どこまでも歩きたいな」なんて、あまりにも当たり前のことのようだけど、ずいぶんとしばらくのあいだ、遠ざかっていて忘れていたなぁという感情が、この秋ふつふつと蘇ってきた。朝、あわてて起きて、乗り物に乗って、ぶっちぎりのテンションでステージで歌い、眠れない夜を重ねて……。

とっても特別で、すばらしいことを続けてこれたという気持ちと、違う角度から見たら、とってもふつうですてきなことからかなり遠ざかってしまってアンバランスになりすぎていたことへのあせりを感じ、'95年の秋の空気を十分に吸いこんだら「なんだぁ。そうだったじゃん」ってあらためて深呼吸の大切さをかみしめることができたのでした。

そしてまた深く息をしたらあっという間に今度は冬の気配。いつもとは別の充実した気持ちと、そしてどこか、何かが足りないと、心のパズルのかけらを探している自分とが入り混じりながら、今は新しいアルバムの創作活動の真っ最中。

「そろそろ旅が必要になってきた」という野生の信号が作動したのか、急遽レコーディングで今年2度目のニューヨークへ行くことになった。ニューヨークの寒さはハンパじゃないことはもう何度も経験ずみなので、心してかかった。「日本の冬よりも先にN.Y.の冬を迎えるのね」なんて思いながら、私は何を思ったかアホみたいに毛糸のぼうしをかばんに詰めこんでいて、向こうに着いてから、あまりにおまぬけな気がして笑ってしまった。恐ろしい寒さを予想して行ったのだが、そう耐えきれない寒さでもなく、レコーディングもよい仲間とともに充実させることができた。'89年『フラワーベッド』からのおつき合い、エンジニアのニール・ドーフッマンや『青空』などで仕事をしてきたジョー・マーディンとの再会もとてもうれしいものだった。ニール、奥さん、ジョー、ガールフレンド、みんなが口々に「美里、なんだかとてもいい顔してるね」と言ってくれた。毛糸のぼうしの私にだ。確かに新しいアルバムに向かって、そして果てしない未来に向かってドキドキしている私はひょっとしていい顔してるかなぁとクリスマスの準備に忙しくなり始めたN.Y.でそう感じた。

去年のクリスマスイブは神戸のコンサートで、それはそれはすばらしいイブを過ごした。今年の日本での様々な出来事を思うと胸が苦しくてはりさけそうで、叫びたくなるようなことが、本当にたくさんあった。'96年はささやかでも心が暖かくなるようなすてきなことがたくさんありますように。感謝。そしてK-SS。少し早いけど来年もどうぞよろしく。

みさっちゃんの目玉焼き

メグ・ライアンとビリー・クリスタル主演の“ハリーがサリーに逢った時”。美しい友情で結ばれた男女を、セックス抜きで男女の愛は成立するかというテーマで、N.Y.の四季をバックに描いている大人のストーリー。ハリーは、サリーに恋してからはセックスよりも、もっともっと相手とわかりあえる大切なことがあると考えるようになった（それ以前はまったく逆。おおかみタイプネ！）。日本のテレビのインタビューで女の子たちが「たくさん経験がある女ほどぉー、いい女になるってぇー、年上の男の人に言われたいしぃー」なんて言ってるのを見て吐きそうになった私は、どこかおかしいのか？ なんだか田嶋陽子先生のような気分だわ。ビリーがサリーに愛を告白するとき「僕を見るときの君の目のあいだのしわが大好きだ」「一日の最後に喋る相手になってくれ」という大人のセリフがまたステキ。「あんたなんて大嫌い！ I hate you！」といって抱きついてキスするサリーもとってもラブリー。

Heart of Rock'n' Roll

Misato's Information

'95年の締めくくりにBIGなお知らせ！ 12月28日(火) 19:00～20:30WOWOWにて、あの夏の西武球場のライブが、新たに未公開映像や最新のショットなどをプラスして放送されます。お楽しみに。年賀状、そして感想、励ましのおたより、待ってます。〒156-91 東京都世田谷区千歳郵便局私書箱15号 ソニー・マガジンズ PeeWee「ロックのハート」係まで。じゃんじゃん書いて送ってねー♡

ロックのハート

第二十一回：謹賀新年

ふだんどんな生活をしていても、生まれたときからずっと続いている、日本の伝統行事の最たるもの、お正月。この日ばかりは、衿を正す気分にならずにいられない。今年もよろしくお願いします。写真も気合い入ってます。

文◎渡辺美里

新年です。明けましておめでとうございます。昨年中は読者の皆様、まんファンの皆々様にはたいへん温かいご声援をいただき心から感謝しております。今年も昨年同様どうぞよろしくお願いいたします。

うーん。久々の新年のごあいさつ（去年は喪中につき年頭のごあいさつは遠慮させていただきました）。やっぱり季節のごあいさつなど、こういったことはきちんとしておかないと、気になってしょーがないのであります。

近ごろでは"ら抜き言葉"が当たり前のようになり、ほかにも知らず知らずのうちに勝手に納得して使ってしまっている言葉がたくさんある。なんでもかんでも省略化して呼んでみたり、逆さ言葉を連発したり（特にこれは音楽業界の昔からのならわし（?）のようで、ごく限られた一部の人々が使っていたものが広く使われ出したらしいが）とにかくわけのわからん状態も多々ある。

「あけおめー」（明けましておめでとうの略）

「ことよろー」（今年もよろしくの略）

ふーん。情けない。響きとリズムがいいからついつられて口走ってしまうこともあるが、いかん、いかん。みんなマネしないでね。勝手知ったる仲間同士であっても、やっぱりねぇ。親しき仲にも……ってもんですよね。

などと言いながらもあくまで筆不精な私の目標その①。できる限り筆まめになって、お手紙美人（?）になること!! このところたてつづけに友人たちからカードが届いて、なんだかとってもとってもうれしかった。ほんのちょっとのさりげない言葉がこんなにも心を弾ませるなんて……。きっと私以外の人も、心のこもったカードなら喜んでくれるはず。ハガキ一枚書くのに、メッセージカード一枚書くのにそう何時間もかかるものでなし。なんでこんな簡単そうなことができないのでしょうか。

「ロックのハート」にも毎月、日本全国各地、いろんなところからお便りが届く。北海道は富良野から、函館、青森の十和田市、鹿児島、沖縄、熊本、長崎、滋賀、鳥取……書き出したらきりがない。とにかく、いろんなところから届いている。あらためてありがと。

コンサートで行ったことのある街、すぐにコンサートホールや駅前の街並みなんかを思い出せる場所、そしてまだ行ったことのないところからも手紙が来ているとすごくうれしいし、また、いろいろなドラマをイメージしてしまう。

街の大きな最寄りの書店でピーウィーを手に入れたのかな。街の小さな本屋さんに毎月届くのを心待ちにしてくれているんだなぁとか、一冊をクラスの仲よしたちとまわし読みしてるのかなぁとか。まだコンサートで行ったことはないけど、もし行ったらこの手紙のコも来てくれるのかな。あっ、ここはスタッフの○○さんの出身地だなぁとか。

'96年、みなさんはどこで、どんなお正月を迎えられたのでしょうか。小さいようで広い日本。それぞれお正月の風習、ならわしもずいぶん違うのではないかしら。お正月に必要なアイテムや雑煮の作り方、味付け、おもちの形だって違うのだ。ちなみにうちは、京風の白みそにまるもちが入っているお雑煮なのです。祖母が健在のころは、毎年まるもちを京都から東京へ送ってくれたし、冬休みにみんなで帰ったときは、きねとうすでペッタンコ、ペッタンコともちつきをした。水のついた手でもちをひっくり返す、あいの手といったらよいのか、親戚のおばさんの間合いのよさ、手際のよさに見入っていた。途中から、自動電気もちつき機に変わったけれど、それでもお正月準備のもちつきは東京っ子の私にとっては大イベントだった。

弟たちやいとこたち、子供には自分用の担当のおもちがあって、それぞれこねさせてもらえて（粘土みたいにこねこねしすぎてちょっぴり手垢入り?）どんなに形が悪くても、自分で作った、自分用のお雑煮のおもちは特別なものだった。お雑煮用とおしるこ用のいくつかのおもちは「作った本人が責任を持って食べることぉー!」となるわけだ。

お年玉の風習も知らないだけで、各地によってかなり違ったりして。だいたいいくつぐらいまでお年玉はもらえるものなのでしょう? また、いくつぐらいまでなら許されるのでしょう? お年玉の相場とはいったいどれくらいなのでしょう? しっかりちゃっかりしてる子は、サザエさんちのカツオくんみたいにお年玉の見積もりなんか立てちゃってるかもね。

子供がいただいたぶん同じだけ、もしくはそれ以上に親がお返ししてることも知らずに、あれも欲しい、これも欲しいと皮算用していたような気がするなぁ。それにお年玉のお札は新品のものが用意されていた。大人ってつくづくエライなと思っちゃう。

仕事を始めて数年後、年齢的にはまだ大学生なのだけど、私にも初めてお年玉をあげるときがきた。スタッフのお家の新年会にお呼ばれしたとき、「ふむ。初めてのお年玉じゃわい。私って大人♡」としみじみ感じたのでした。と同時に、今どきの子供たち、小学校低学年と幼稚園の子のお年玉の相場というのがまったく想像つかなかった。「ちぇ。みさっちゃん、シケてるぜ」と思われるのもシャクだし、かといって多すぎるのもよくない。悩みに悩んだあげく、まぁ常識的な範囲で初めてのお年玉体験をすませたのでした。

その子たちも今はしっかり大きくなって、私のコンサートで「僕、めちゃめちゃノっちゃったよ」とライブを楽しんでくれたようで、去年の夏には海外ホームステイも体験してきたらしい。もうひとりはダンス部に所属して、毎日部活に忙しくしてるみたい。今年のお年玉はプレイステーションやウィンドウズに使うのかな。

一月は新しいスケジュール帳になんだかワクワクさせられる。用もないのに開いたり閉じたりしてね。今年一年どんなステキな予定が書き込まれてゆくのかなぁ。

ヒロヒロうわついてちゃあかん。しっかり見つめて、自分を壊して、今年一年自分をプロデュースしたいと思ってまぁーす。ジャンジャンいい歌、歌います。聴いてね。チュウ♡

みさっちゃんの目玉焼き

幼いころの体験ってホントに大事。怖いくらいに自分の中に残っていて、あるときふっと甦る。「この香り、どこかでかいだことあるなぁ」とか、「この風景、いつかどこかで見たことある気がするなぁ」とか。それがたとえ絵本の中であっても知らず知らずのうちに記憶の中に生きている。そして物心ついたとき、大人になっていく過程で、ものすごく大きな意味を持ち始めることがある。戦後まもないシチリア島の小さな村で唯一の娯楽である映画、そしてその映画館"パラダイス座"をめぐる人々の笑ったり泣いたりの人間模様が長い歳月をとおして描かれている。主人公トトは映画が大好きでワンパクで、そして映写技師アルフレードを心から慕っている。トト少年の成長、初恋、旅立ち……。再び島に戻ってきたトトはりっぱな映画監督となって帰ってくる。何度も観たい、そして自分の子供にも観せたい大切な映画です。29歳のG.トルナトーレ監督の秀作。私もこんな映画作れるかなぁ。作ってみたいなぁ。

HEART OF ROCK'N'ROLL

ロックのハート

MISATO WATANABE

第二十三回：春までに、きっと……

春。心踊るこの響き。何かを始めるのにもぴったりの季節。しかし、「春から」と決意するのもいいけれど、それを今からやると、ほかの人より一歩先んじることができるわけです。そう、そうとわかってはいるんだけど……ね。

文◉渡辺美里

HEART OF ROCK'N'ROLL

暦の上では〝立春〟を迎えても、まだまだ寒くなるのはこれから！　そんな今日このごろですが、みなさんお元気ですか。草木が勢いよく芽吹く春とニューアルバムの完成をまだか、まだかと心待ちにしている私ですが、春は黙っていてもやってきますが、レコードはそういうわけにはいかないのよねん。毎年やってきて、合格点も年々高くなってゆく受験のような（採点は自分たちでするのですが、なかなかマルがもらえない）、果てしなく終わりのない大冒険のような道のりの長い長いものであり、毎日毎日がイベントであり、また毎日が地道な職人仕事でもあるという、なんとも不思議なお仕事でありますす。今その長い道のりを着実に進んでいて、暖かくなるころ（もしくは暑くなるころかな？）には〝さくら咲く〟〝大輪のひまわり咲く〟〝96年、デビューの美里〟をお聴かせできると思いますのでどうぞご期待ください。

埼玉県川越市のペンネームりいちゃんから

「私、ストレスで10キロも太ってしまったんです。心が不安定で過食に走ってしまったのです。ストレスをためてはダメだなあと自分の体を見てあらためて気づいたんです。そしてまずはもとの体に戻そうと、のほほんとした気持ちで少しずつがんばってやっています。このストレスで学んだことがたくさんありましたが、いちばんは〝ストレスはためてはいけない〟これだと思います。これからは外側だけでなく内側もキレイに、自分に余裕をもたせてあげること、そして自分をもっとかわいがってあげようと思っています。美里さんはストレスがたまったときはどうしますか？」

というお手紙をいただきました。だいぶ前に届いていた手紙なので、今ごろはきっとすっかりもとの体重に戻って、外側も内側もぴかぴかになっているのでは？と思いますが、もしそうじゃなかったとしても大丈夫。春まではまだ時間があるよ。でも、やるんだったら明日からじゃなくて今日から始めてみよう!!（と、自分に言ってる私）

きっとこれを読んでいる人のなかにも〝あぁ、私もそう！〟とか〝お正月食べすぎちゃってそのままなのぉー〟とか〝やっぱ寒いと動くのめんどくさーい!!〟〝冬ってなんだか体がなまるのよね〟なーんて人、けっこういるんじゃないかしら。かくいう私も夏の子供なので冬にはめっぽう弱い。トホホ……。実際、冬というのは寒さから身を守るため、寒さを乗り切るためにしっかりとエネルギーを蓄えるシーズンであるらしい。冬の準備は秋から始まっているし、イントロに食欲の秋というのがあるのがまた困っちゃうのよね。長いイントロに長い冬じゃ、そりゃあ体も重くなっちゃうよ。

疲れてくると甘いものが欲しくなるのは冬に限ったことじゃないけれど、この季節、巷をにぎわす石焼きイモ屋さん。決してお家では出せない味がする〝石焼きイモ〟。学校帰りもそうだけど、夜のジョギングで伴走されたりするとたまらない。〝やめろぉ。やめてくれぇ。あっちに行ってぇ〟と言いたくなるくらいにおじさん（なぜかオジサンなのに）の声が耳について離れなくなる。おじさんの魅惑の呼び声はおば様たちにとってはフリオ・イグレシアスなのか!?　また〝イモ・クリ・ナンキン〟と申しまして、女の子の好きなものであるからして、下校時刻に合わせて行くとしたらおじさんは、食欲の男子校より女子校を選んだりするのかな。

また今の時期、コンビニのレジのところには〝さぁホカホカの私があなたをひととき暖めてあげましょう〟とばかりに肉まん、あんまんが待ちかまえているではありませんか。今はいろんな種類が出まわっているけど、私はスタンダードなものが好き（特にこしあん）。

とにかく矛盾と誘惑だらけのこの世の中、女の子は大変だ。運動不足が原因だとわかっていればそれをなんとか克服すればよいと思うのだけれど、わかっちゃいるけど、始められない、続けられないってもんだ。ましてやストレスが原因となるとかなり手ごわい。私自身数年前、ストレスが原因で内臓を悪くして入院してしまったことがある。

「原因は？」「いろいろ調べましたが見当たりません。あるとしたら、あとはストレスですね」「ふーん」

わかりやすそうでなんとも納得いかない原因のように思えてならなかった。と同時に思い当たるふしはいくつもあったから、やっぱりストレスにやられてしまったことになる。自分ではなんとか乗り越えられるつもりでいたのに、心と体のバランスをくずしてしまって、玉子のうす皮のようなストレスがたまりにたまって激痛と化してしまったのでした。だから、ストレスがたまったときどうしますか？という質問にうまく答えられる自信がない。たまっているのがストレスと体重だもんね。ギャー!!　コワイ!!

あらためて言うことでもないようだけど、週に1度は休みをとるというあたりまえのことが、とても大事に思えてくる。ここでささやかですけど、私が日々実行していることをちょこっと紹介しますね。

週に1回以上〝スペシャルバスタイムの日〟を作って頭の先からつま先まで磨きに磨く。もともとお風呂は大好きで長いほうなのですが、スペシャルの日は、モア・ロングバージョンで入浴剤やボディスクラブ、シャンプーにトリートメント、ボディローションまで念入りに。食事はスタジオで出前の日々なんですが、お家で食事をとれるときは器に凝ってみる。高価なものでなくても見ているだけでウキウキしてくるようなものを選んで、大切な食事タイムを目で充実させる。部屋にいるときはハーブのオイルを利用して香りでリラクゼーション。

そしてなるべくたくさん歩くこと。今の時期はちょっとつらいけど（夜道は特注意）元気に手を振って歩くと、通いなれた道や見なれた風景のなかに、新しい音やにおい、ときにはメロディーや言葉たちまで浮かんできたりするんだよ。ずぼらな私も、もう二度とストレスで入院したくないので、自分をプラスの方向にもっていく努力はまめにやりたいと思っている。ストレスをためないように心がけることも、キレイになることも、ダイエットすることも、仕事することも、全部が順繰りにどこかつながっていて、自分を好きになるための大きな力になるよね。きっと。

みさっちゃんの目玉焼き

ニューヨーク、ダウンタウンのリトルイタリーを舞台に、イタリア人一家のあれこれがユーモアいっぱい、にぎやかに描かれている大人のラブメルヘン。シェール扮するロレッタは7年前に夫と死別してからは、わびしい独身生活を送っていた。突然幼なじみの友達にプロポーズされ、再婚の準備を始める途中、ずっと断絶状態が続いていたフィアンセの弟に会いにいく。自分の不運をなげく弟、ロニー（ニコラス・ケイジ）とロレッタは満月の魔法にかかってしまい恋におちる。デートの前、シェールがどんどん変身していく（眉毛を整えたり、髪形を変えたり）のを見ると、女性ってホントすごい生きものだぁと思うと同時に、なんだかワクワクしてくる。

HEART OF ROCK'N'ROLL

ロックのハート

最終回：さくらの花の咲くころに～旅立ち～

春。出会いと別れの交錯する季節。この「ロックのハート」が始まったのも春だったね。出会いと別れはワンセット。でも、新しい旅立ちの道具を手に入れたりして、一抹の寂しさとともに、新しい期待も生まれてくるよ。

文◎渡辺美里

うららかな春の陽気に誘われて、ふらりとどこか旅に出かけたいなぁと思う今日このごろです。ニューアルバムのレコーディングのため、ずーっとずーっとスタジオの中に籠もっていると、その反動なのか今度は気持ちが外へ外へと向かっていき　そして体もあっちこっち動き回りたぁーい！　という欲求がどんどん強くなっていきます。たとえば少し違うけどテスト勉強中に限って、モーレツに部屋のかんづけをしたくなったり、むずかしい本を読みたくなったり……。こういうのをあまのじゃくっていうのかな。かなり寒い時期にはまるで“夜の釣り人”もしくは“部活の帰り”のような、おしゃれなしの格好が続いていたので、ちょっと出遅れ気味ですが、春色のおしゃれの準備、しなくっちゃ。

さて、清瀬市の仙子さんからのお手紙。『今日はみさっちゃんに質問がありまして手紙を書いてみました。私は就職して4年ほどたちますが、仕事を始めてから増えたものがあります。それは“カバン”です。なんだか気づいたらいっぱいもっていて、今では10種類くらいほどリュックとかも含めし……です。友達に誕生日プレゼントにもらった夏用の透明カバンがいちばんのお気に入りです。まわりの人たちには「また買ったのぉ？」と言われてしまうのですが、いろいろな形や色をした“カバン”がいっぱいありすぎて……うぅ!!　でも、その日の気分によって「今日はこのカバンにしよう」とか、「雨降ってるからリュックにしよう」とか、けっこう選んでる時間が楽しかったりするんですけど。美里さんは、カバンorリュックは何種類ぐらいもってますか？　私、カバンの中にけっこう物をいっぱーい入れてしまうんです。化粧ポーチ、タオル、手帳にカギ……どこか電車とかに乗ってお出かけするときなどはウォークマンも。新しい服や靴を初めて着用(!?)したときって、なんだかうれしい気分になってしまいます。𝄞ルララー♪って歌いたくなっちゃうぐらいです♡　後省略」

ムハハハハァー。よくぞ聞いてくれました。私、全身歌手渡辺美里、今までおおっぴらに公表してはいませんでしたが、実は、ぐっと魅力的なカバンにはめっぽう弱い“カバン星人”なのであります。このことは自他共に認める明らかな事実であり、“おっ！　これは！”と思ったものと出会う機会があると、その出会いをけっしてムダにはしないのであります。自分自身で最高の逸品を見つけ出すこともありますが、私が“カバン星人”だということを、友達もスタッフもみんな知っているので、プレゼントをいただくのはやたらと“カバン”や“リュック”や“ポーチ類”が多いのです。

個人の好みというものはそうそう大きくチェンジするものではなく“あっ、いいなあ”と感じるものや、“カバン星人に似合いそうだ”と思うものというのはなんとなくイメージがあるらしく、3人の方が2年続けてそれぞれに“バッグ”“パーティー用ミニバッグ”“ビニールポーチ”を贈ってくれたのだけど、それぞれ選んでくれた人の好み、趣味がはっきり出ていて、すぐにどなたからいただいたものかわかっちゃう。つまり、夏用冬用などの差はあれど、双子ちゃんが3組集まってるみたいなものなのだ。それでもって自分の趣味もはっきりしているから、気がつけばカバンがカバンを呼んでカバンだらけ。私が“カバン星人”であるのは、どうも遺伝によるものらしい。「ねぇねぇ、見て。今日、こーんなかわいいカバン、見つけちゃったぁ」と両親に見せたときふたりは顔を見合せ、ニヤッと笑った。偶然にもその日、母もカバンを購入していたのだった。そんなことが昔から何度もあって「またカバン買ったの？」とお互いに言い合ってるのだから、まぁ“カバンの子はカバン”ということですね。ハハハ。

その後、カバン星人はすくすく成長し、かなりの“目利き”となったのでした。“キラリ”輝く逸品はカバンのほうからこちらに向かってアピールしてくるのであります。6年ほど前、ある洋書のはじっこのほうに写ったモデルさんの肩にかかったリュックサックがどうも気になった。ほとんどカバンの3分の1ぐらいのパーツしか見えていなかったのだけど、そのカバンが私を呼んだ。久々の出会いだ。これよー！　これを待ってたのよー！　とばかりにカバン星人の胸は躍った。が、しかし、カバンの全貌も明らかではないのに、どうやってそいつを見つけ出そうか。由緒正しきカバン星人としては長い間培った“カン”のみでアタリをつけた。そのカンは見事に的中し、残念なことに日本ではしばらく未発売ですと言われてしまい、待っていられず海を渡った。(㊟仕事でニューヨークに行ったついでです。あくまでも）格式の高そうなその店に入った瞬間、お値段的には圧倒的にすごそうな品物はほかにたくさんあるのに、私の瞳に映るのはひとつだけ。不思議な引力で引き合うように、見事そのリュックと出会うことができたのでした。

昨年の秋、またもや運命的な光を放つ“バッグ”を見つけた。それもまた日本では未発売とのことだったので、すぐに帰国する予定のある友人にお願いして運んでもらうことにした。彼の仕事場（世界に名高い大企業）にくわしい手書きの図解入りファックスをぴょーんと送って。仕事仲間のアメリカ人はそのファックスを見て何と思ったことかと思うと、ちとはずかしい。もし彼の出世になんらかの影響があったら私のせいか!?　やっとの思いで手に入れたそれらのカバンたちは、物持ちのよい私“カバン星人”によって大事に大事に活用されている。私のびっくり、あっぱれ、カバン話はまだまだ続きますが、今日はこのへんで。

さて、2年間に渡ってご愛読いただきました「ロックのハート」、しばらくの間、ちょっとお休みいたします。お気に入りのカバンを持って寅さんのようにふらりと旅に出て、また新しいカバンをもって、イヤ、また、いつかきっと新装開店いたします。それまでどうぞお元気で。本当にたくさんのお手紙ありがとう。感謝、感謝！　チュウ♡

あ、忘れるところだった、サンフランシスコのおみやげリップ当選者は、福岡県の加藤浩子さん、千葉県の佐瀬朋子さん、神奈川県の高橋洋子さん、群馬県の木村恵子さん、福岡県の田村富美さん　以上5名です。

みさっちゃんの目玉焼き

アイオワ州のエンドーラという小さな田舎町に住むギルバート（ジョニー・デップ）は生まれて24年間、このちっぽけな町から出たことがなかった。彼にはとてもデリケートな問題をもつ守るべき大切な家族がいて、自分の夢とか青春とは程遠い日常がそこにあった。ある日、その退屈な町にベッキー（ジュリエット・ルイス）という不思議な女の子が銀色のキャンピングカーに乗ってやってきた。ギルバートとは正反対の生活を送るボヘミアンだ。そのベッキーの登場によって、ギルバートやハンディを負った弟アーニー（レオナルド・ディカプリオ）の日常に“風”が起こる。とてもとても静かでささやかな毎日の中に、ひとりきりでは抱えきれないほどの愛情や、家族の絆や、やさしさや、悲しみや、いとおしさがあふれていることをそっと教えてくれるすてきな映画です。もし近くに彼みたいな男の子がいたら迷わず好きになってしまう。私もだれかのベッキーになれたらいいな。

Heart of Rockin' Roll

Misato's Information

というわけで、長らくご愛読いただきました「ロックのハート」これにていったん終了いたします。とはいえ、再登場の予定もないわけではないので情報をチェックしてね。そして問い合わせ&リクエストの多いこの「ロックのハート」の単行本化もただいま計画中！　期待して待っててね。感想のおたよりなども送ってくれるとうれしいな。それでは、また会う日まで……
So Long！

Five

パリにて、アルバム『Baby Faith』の撮影。
近くを通りかかった通行人をモデルに。

She loves you

1995 Summer

Misato Watanabe

1995年、初のベストアルバム『She loves you』をリリースし、同時に10周年記念ビデオ『She loves you born IX 10th anniversary video collection 1985-1995』と初の写真集『SHE LOVES YOU, Yeah! Yeah!』をリリース。
（左）は写真集のカバーに使われたカット、
（右）は西武スタジアムライブV10のポスター。

旅と音楽

デビューする際に小坂さんにいただいた言葉でもうひとつ私にとって重要だったのは、「あっという間に時間は過ぎていくから、ただ単に仕事ばかりするのではなく、音楽以外の自分をちゃんと持ったほうがいい」という言葉でした。激流のようなエンターテインメントの世界で磨耗されるのではなく、時にはそこから距離を置いて、その時の自分をしっかり見つめること。

どんなにスケジュールが厳しい時期でも、たとえば1週間だけ時間を捻出してイギリスの語学学校に通うなどして、仕事以外にも「20歳の時はここに行って、これを経験した」という何かを持つことを心がけていました。

アメリカ、イギリス

旅は大好きです。今すぐにでも旅に出たい。旅に向かうまでの高揚感も、行って何と出会うかわからないワクワク感も好き。何に出会えるか自分を試せる

71 『BREATH』……1987年リリースの3rdアルバム。この作品から伊秩弘将、清水信之、佐橋佳幸が参加。

場でもあるし。そんなに英語は得意ではないけれど、人間力でどこまで通じるかということも含めて楽しいです。知らない街を歩き、これまで感じたことのない風を感じることは心地が良いです。創作にも知らず知らずのうちに影響を与えていると思います。

初めての海外は19歳で行ったアメリカ。『Lovin' you』のレコーディングでニューヨークに連れていってもらいました。LAでもレコーディングをやり、ボイストレーニングにも行きました。

3rdアルバム『BREATH』[71]のレコーディングが終わった日は、そのまま空港に行って飛行機に飛び乗りました。行き先はロンドン。先にロンドンに乗り込んでいた友達に「ホテルじゃつまんないからベッド・アンド・ブレックファスト（B&B）にしなよ」と言われてB&Bに泊まって。カーナビー・ストリート[72]の少し路地を入ったところに倉庫みたいなロンズデール[73]のお店があって。The Jam[74]のメンバーが着ていたトレーナーがたくさん積まれていて、それを買って着るだけで楽しかった。20歳から22歳くらいまでは毎年ロンドンに行っていたと思います。

72　カーナビー・ストリート（Carnaby Street）……ソーホー地区の中心に位置する。ファッション、音楽、映画、建築など、1960年代におけるロンドンのストリートカルチャー「スウィンギング・ロンドン」を牽引したエリア。

73　ロンズデール・ロンドン（LONSDALE LONDON）……イギリスのファッションブランド。ボクシンググローブや衣服などを販売しており、モハメド・アリ（Muhammad Ali）やポール・ウェラー（Paul Weller）のほか、オアシス（Oasis）やブラー（Blur）などブリットポップを代表するミュージシャンたちに愛用された。

74　The Jam……イギリスのロックバンド。1977年に『イン・ザ・シティ（In the City）』でデビュー。パンク・ニューウェイブ、モッズ・リバイバルの中心的存在。ヴォーカルのポール・ウェラー（Paul Weller）はワールドツアーにてLONSDALEのTシャツを着用。瞬く間に世界中で大流行した。

ノルウェー、イタリア、フランス

ノルウェーにトレッキングに行った時[75]に見た氷山の青さは忘れられません。山と山の間の切れ目が、もうゾワッとするくらい深くて。あんな色の衣装が着てみたいと思うけど、なかなか同じ色は出せないんですよね。そういう圧倒的なアイスブルーを見ながら山歩きしている時に起きる落石の音なんて、何度ツアーをやっても聴けない音です。

入り組んだフィヨルドをボートで移動している時なんか、どこもかしこも滝があってマイナスイオン浴びまくりで。ビートルズの『ノルウェーの森』でしかなじみのなかったノルウェーですが、やっぱり実際に行ってみると緑の深さや匂いや音が全然違うことがわかります。

旅は時に仕事の疲れを癒やし、次へ向かうために心を整えてくれたりする、なくてはならない時間です。

南イタリアのアマルフィとポジターノも印象的でした。そこもまた岸壁で、岩にへばりつくように家々が建っていて。いつかもう一度行きたい。

イタリアの人は元気で明るい人が多いですよね。女性を見たら「チャオ、ベ

75　NHK衛星第2テレビ（当時）「BSスペシャル 北欧トレッキング紀行 氷河を越えて北欧最高峰に挑む～ノルウェー～」2001年10月11日放送。

76　『世界ウルルン滞在記』……1995年から2007年まで放送されていたテレビ番組。トークショーとクイズ番組を兼ねた世界紀行ドキュメンタリー。美里の登場回「フランス最強の女子ラグビーチームに渡辺美里が出会った」は1998年5月17日放送。

77　『Baby Faith』……1994年リリースの9thアルバム。小林武史やシンガーソングライターの宮本浩次などが参加している。

ッラ」……イタリアに行くと、ついモテてると勘違いしちゃう。声をかけないと失礼みたいなところがありますよね。一度喋ったらもう友達みたいな感覚で、また別のところで会うと「ハーイ！　チャオチャオチャオ！」って挨拶してくれる。『世界ウルルン滞在記』[76]というテレビ番組では、フランスのエルムという村に行ってラグビーチームのマネージャーをやりました。あの人たちにまた会いたくなって、その後プライベートでも行きました。その時の模様は『voyage Ⅱ』というDVDに入っています。アルバム『Baby Faith』[77]からずっとアートワークを担当してくれているデザイナーの石川絢士さん[78]が撮ってくれたもので、冒頭からトリュフォー[79]へのオマージュが炸裂している映像作品です。石川さんは今回の本のデザインも担当してくれていて、おそらくヴェネツィアの写真が多めに入っていると思うのですが、それは彼がトリュフォーとか『ベニスに死す』[80]といったモノクロの映画が好きだからです（笑）。

『青い鳥』[81]と同じでやっぱりお家が一番と思い、東京タワーを見ると「ああ、帰ってきたな」という気持ちになるけど、そう思えるのはやっぱりよそに行くからであって、外に出て初めて日本の良いところも悪いところも知ることができますよね。だから、これからも旅は続けると思います。そのためにも、足腰も心もしっかり鍛えておきたいし、それに対応できる自分を持っていなければ。

78　石川絢士……グラフィックデザイナー、装丁家。エピックソニーを経て1992年、デザインスタジオthe GARDEN設立。アルバム『Baby Faith』以降、渡辺美里のアートワークを担当。2000年より装丁家としても活動。町田康や坂木司の作品などを手掛けている。

79　フランソワ・トリュフォー（François Roland Truffaut）……フランスの映画監督。ヌーヴェルヴァーグを代表する作家のひとり。代表作『大人は判ってくれない』『華氏451』『アメリカの夜』『終電車』など多数。

80　『ベニスに死す』……イタリアの映画監督ルキノ・ヴィスコンティ（Luchino Visconti）による映画作品。トーマス・マンによる同名小説の映画化。

81　『青い鳥』……フランスの作家モーリス・メーテルリンクによる童話。兄妹のチルチルとミチルが幸福の象徴である青い鳥を探しに行くが、実はそれは自分たちのもっとも近くにあった、という話。なお、17thアルバム『ココロ銀河』に同名の曲が収録。作曲は川村結花、編曲は有賀啓雄、作詞は渡辺美里。

イタリア・ヴェネツィアにて。2004年「Misato Seibu Dome Blue Butterfly 19th」「Blue Butterfly Tour 2004」のためのコンサートパンフレットとDVD『Voyage III』の撮影で訪れた。写真はデザイナーの石川氏が担当している。

505

New Age
8,00

「美里祭り 2006 in 山中湖〜初富士・美里・夏が来た！〜」「Sing and Rose アコースティックライブ〜うたの木〜」コンサートパンフレットのためにイギリス・ロンドンとコッツウォルズへ。左写真はテムズ川の巨大観覧車からビッグベンを見下ろして。右上はもちろんアビイ・ロードにて。

Salsa

西武ドーム V18『100% Misato ～ Orange 18th ～』コンサートパンフレットと DVD『Voyage II』撮影のため、アメリカのサンフランシスコ・ナパヴァレーとハワイ・オアフへ。マウイでは、白い旧型ビートルにデザイナーの石川氏がデザインした絵柄をみんなでペイントし、その車を運転する美里を撮影。元通り白に塗ってビートルのオーナーに返却しようとしたら「カッコ良いからそのままで」と言われた。その後しばらく、本当にこの派手なペイントのまま乗っていたらしい。

ベルギーのサックス発祥の町・ディナンにて

MISATO PAMPHLET COLLECTION

ツアーパンフレットはほぼツアーごとに制作されている。P190でも語られているが、旅が大好きな美里はパンフレットの撮影でも旅をすることが多い。自らカメラを持ち、物撮りをして掲載することもしばしば。

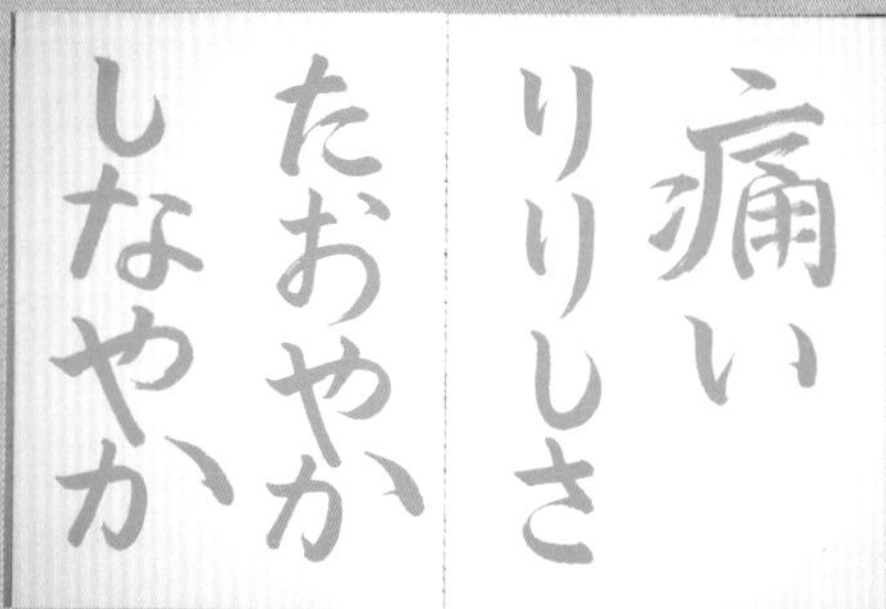

My Revolution/19才の秘かな欲望 Concert Tour
1986年4月～6月全22公演

MISATO SPECIAL'86 KICK OFF
1986年8月西武球場他全3公演

MISATO & THE LOVER SOUL CONCERT「助走1987」
1987年8月西武球場他全5公演

MISATO & THE LOVER SOUL SKIP TOUR 1987 年
6 月〜 12 月全 49 公演

MISATO & THE LOVER SOUL SPECIAL CONCERT「OH!」
1988 年 3 月国立代々木競技場 第一体育館 他全 6 公演

MISATO & THE LOVER SOUL「ribbon power」
1988 年 7 月西武球場 他全 2 公演

MISATO CONCERT TOUR「news」
1988 年 10 月〜1989 年 2 月 48 公演

misato Xmas Tokyo
1990 年 12 月横浜アリーナ 2 日間

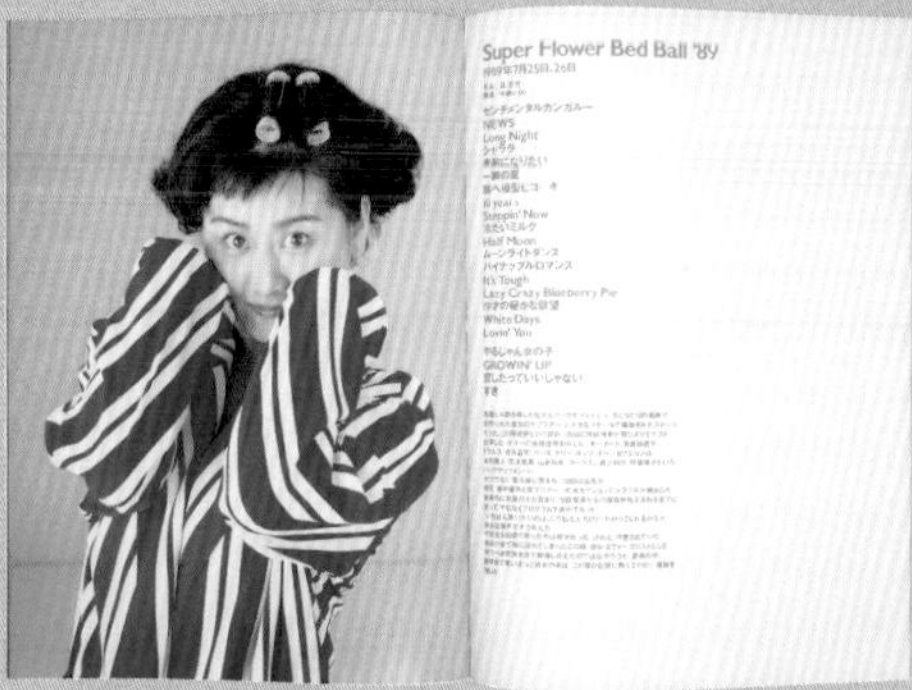

misato Lucky 西武球場 大冒険
1991 年 8 月西武球場

misato Lucky 西武球場 大冒険
1991 年 8 月西武球場

渡辺美里 '92 スタジアム伝説
1992 年 8 月～ 9 月西武球場 他全 8 公演

She loves you Live 1995 Summer Misato Watanabe 10th Anniversary
1995 年 7 月～ 8 月西武球場他全 3 公演

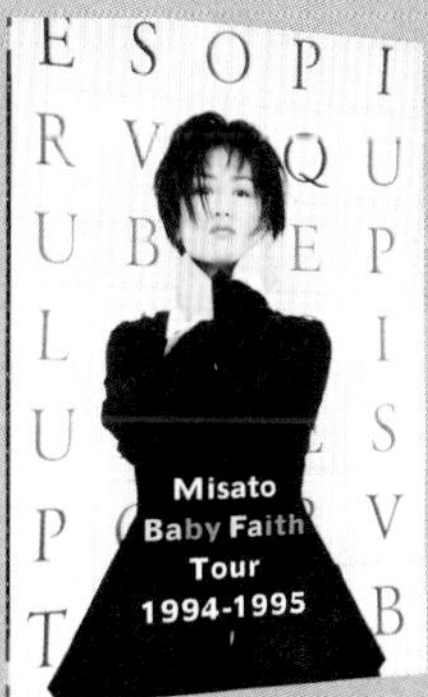

misato Baby Faith TOUR 1994-1995
1994 年 9 月～ 1995 年 2 月全 36 公演

MISATO Free Spirits '96　1996 年 8 月西武球場

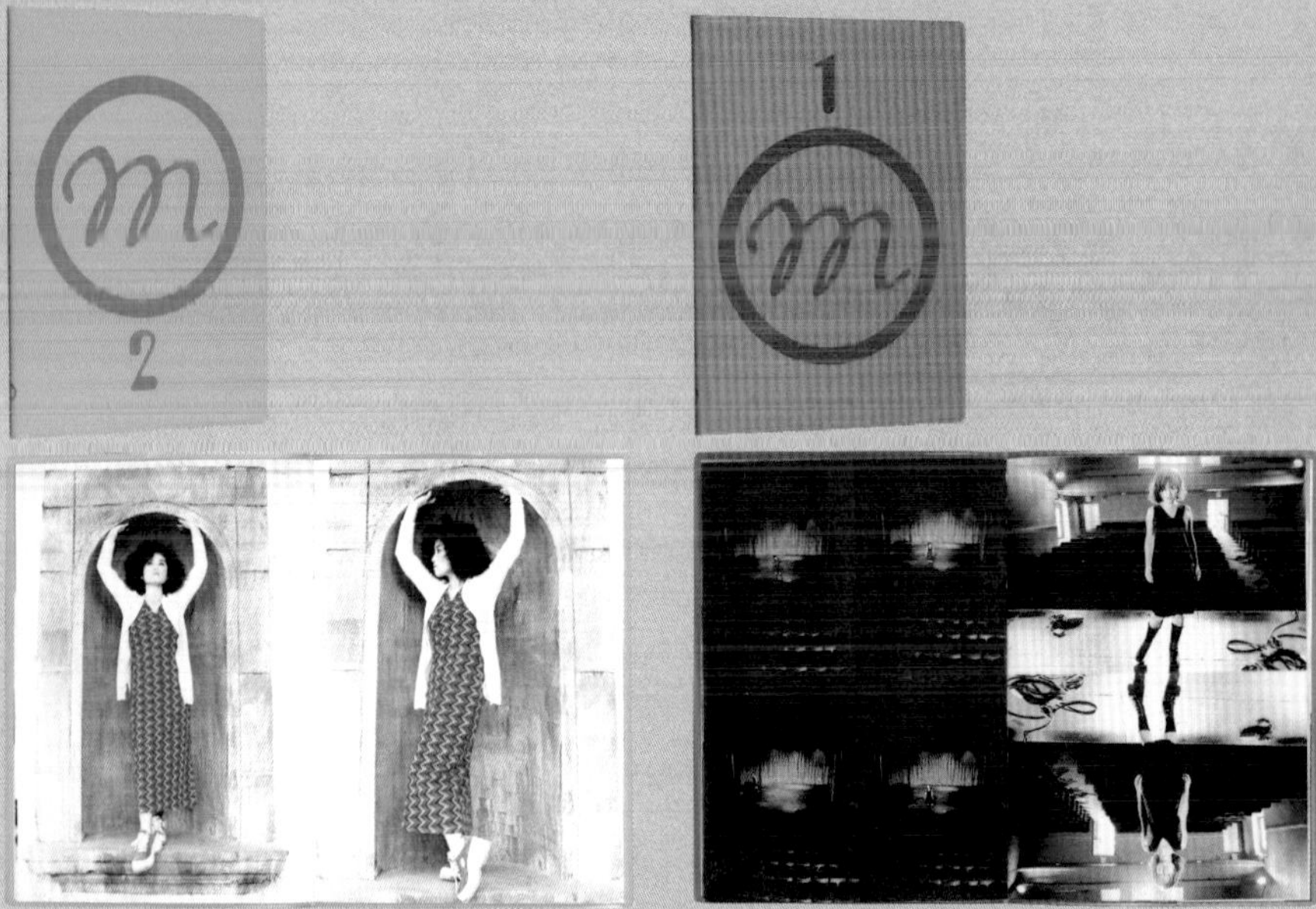

misato 熱闘 '97　1987 年 7 月～ 8 月西武球場他 2 公演

Misato Watanabe 1998 ハダカノココロ Tour　1998 年 7 月～ 12 月 全 26 公演

misato 1998 太陽は知っている
1998 年 8 月西武スタジアム

misato1999 西武ドーム vol.14
1999 年 8 月西武ドーム

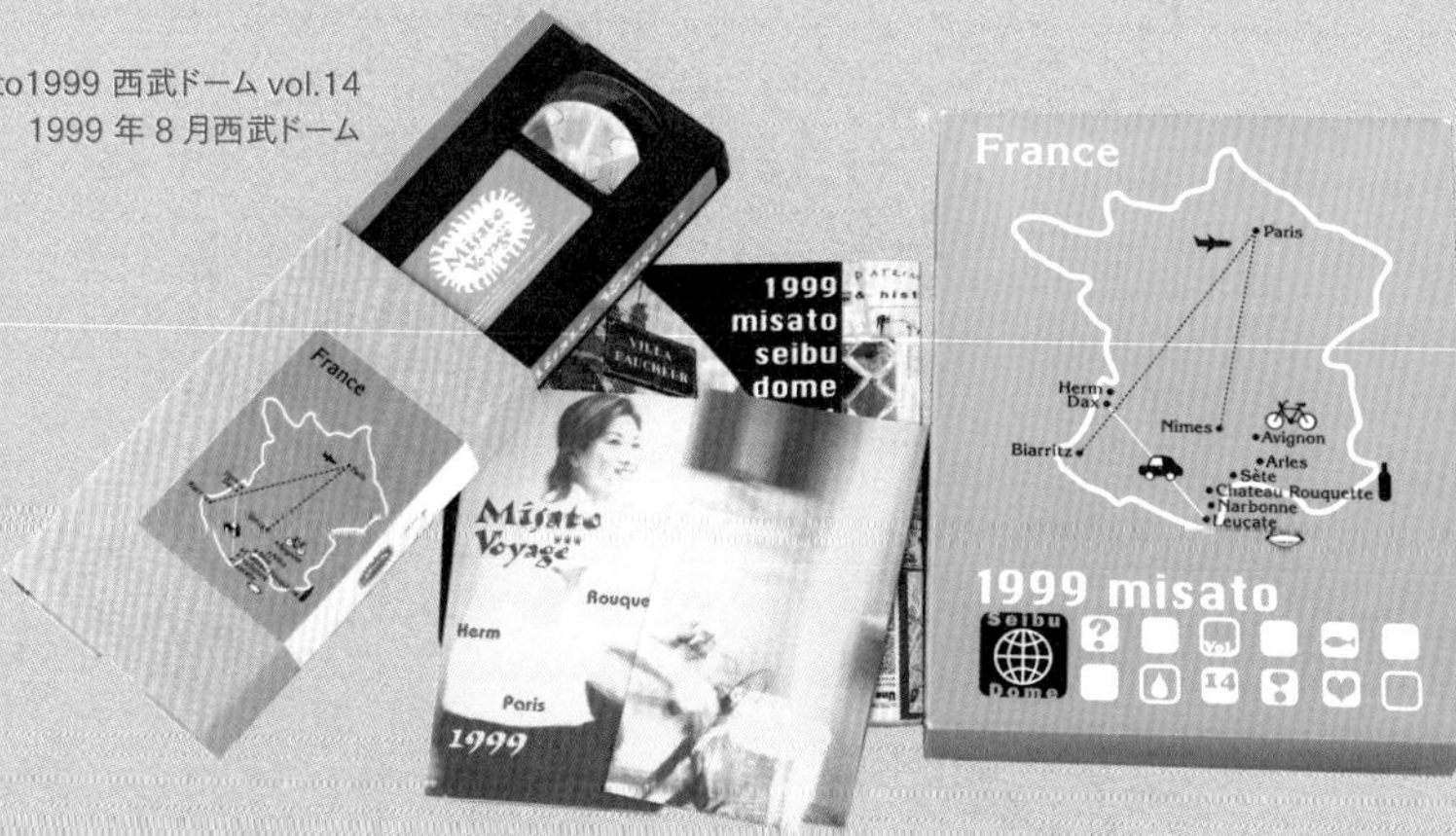

Misato Seibu Dome Sweet 15th Diamond 2000
2000 年 8 月西武ドーム

MISATO WATANABE SEIBU DOME 2001 TRY TRY TRY　2001 年 8 月西武ドーム

100% Misato ～ orange 18th ～
2003 年 8 月西武ドーム

Misato Seibu Dome Blue Butterfly 19th
2004 年 8 月西武ドーム

misato '99 春うたの木 1999 年 5 月 2 公演
misato '99 うたの木～冬の華～
1999 年 11 月～ 12 月全 12 公演

MISATO V20 スタジアム伝説～最終章～
NO SIDE2005 年 8 月インボイス SEIBU ドーム

Misato
うたの木 2003 CAFE VOYAGE TOUR
2003 年 5 月～ 6 月全 16 公演

Misato Blue Butterfly tour 2004　2004 年 9 月～ 12 月全 12 公演
Misato Acoustic Live 2004 Utanoki SEED　2004 年 10 月～ 12 月全 10 公演

Misato Sing and Roses Tour
'05 ～ '06 ～歌と薔薇の日々～
2005 年 11 月～ 2006 年 4 月全 21 公演

Sing and Roses アコースティックライブ
～うたの木
2000 年10 月～12 月全 15 公演

美里祭り 2006! in 山中湖～初富士・美里・夏が来た！～　2006 年 7 月山中湖シアターひびき

美里祭り 2008 東京ブギウギキッス　2008 年 8 月東京ビッグサイト西屋外展示場
美里祭り 2008 ラプソディ・イン・大阪　2008 年 9 月大阪城野外音楽堂

Misato Watanabe M ☆ Generation Tour 2017　2017 年 7 月～ 12 月全 17 公演

M・Evolution Tour 2018　2018 年 6 月～ 9 月全 18 公演

Live Love Life Sweet Emotion Tour 2019 ～ 2020
2019 年 8 月～ 12 月 全 22 公演

Live Love Life Sweet Emotion Tour 2020　2020 年 1 月～ 12 月

1990's POSTER COLLECTION

90年代はビジュアルスタッフが変わり、デザイナーの個性が垣間見られる年代。いずれにしてもフォトジェニックな美里が前面に描かれている。

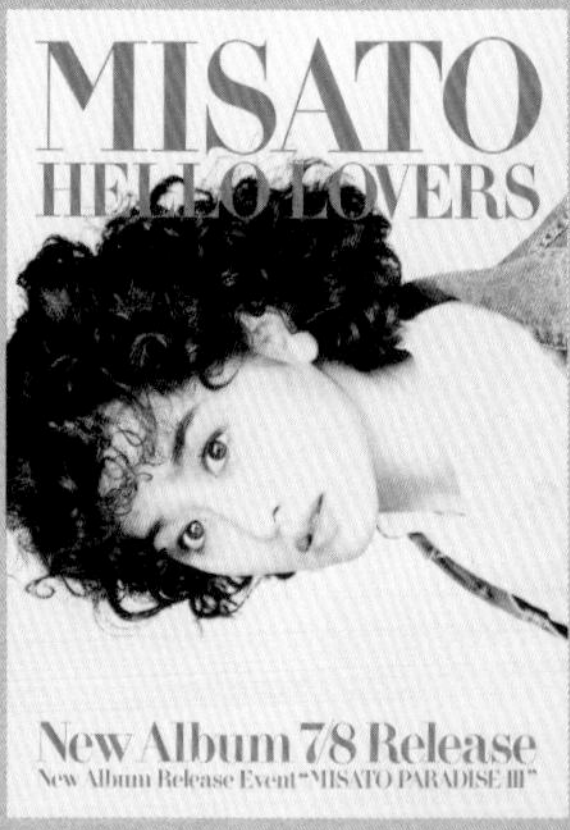

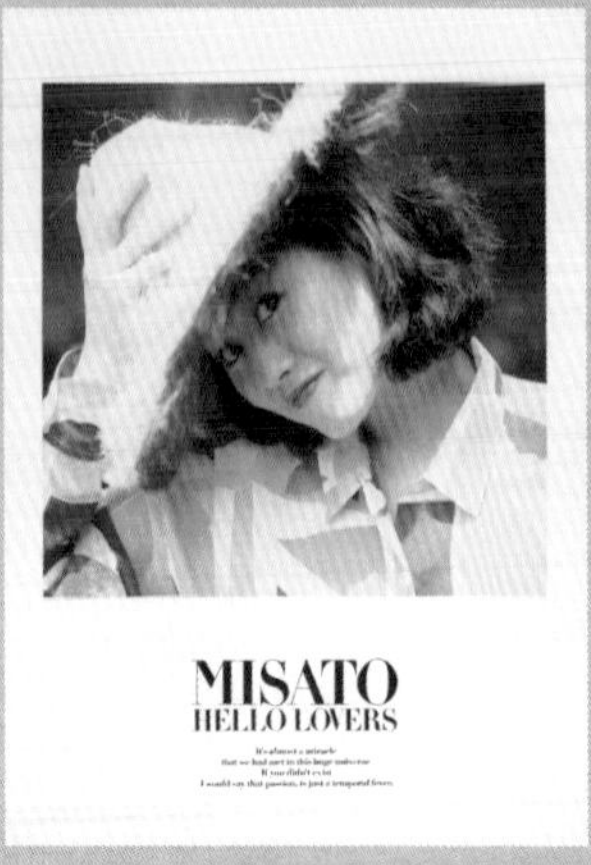

Misato
Watanabe
Free Spirits
Tour '96

Misato Watanabe Baby Faith Tour

Misato Baby Faith Tour

MoonLight Picnic @ Misato

New Album 7.12 Release
Spirits MISATO

She loves you
1995 summer
Misato

misato
misato 1998
西武スタジアムVol.13
太陽は知っている
野外最後の西武スタジアム
1998.8.8(sat)
西武スタジアム
6/7(日)チケット発売

New Single
6.17 Release
My Love
Your Love
Misato

2005年西武ドームライブV20、20年連続公演という歴史的なコンサートを、西武グループが祝福。20年間一緒に歩んできた思いをライブ当日西武鉄道車両中刷り、数週間前から西武池袋駅での駅貼りポスターなどを展開してくれた。

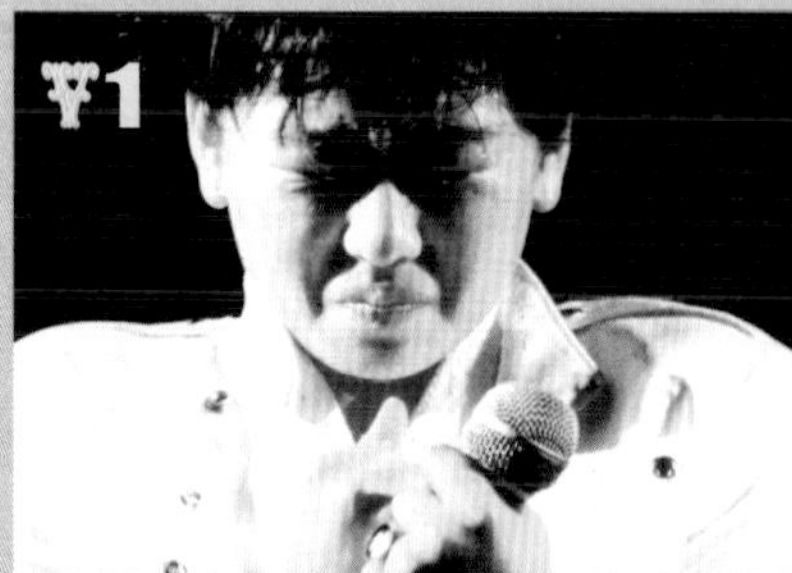

¥10

¥11

¥12

¥13

¥14

¥15

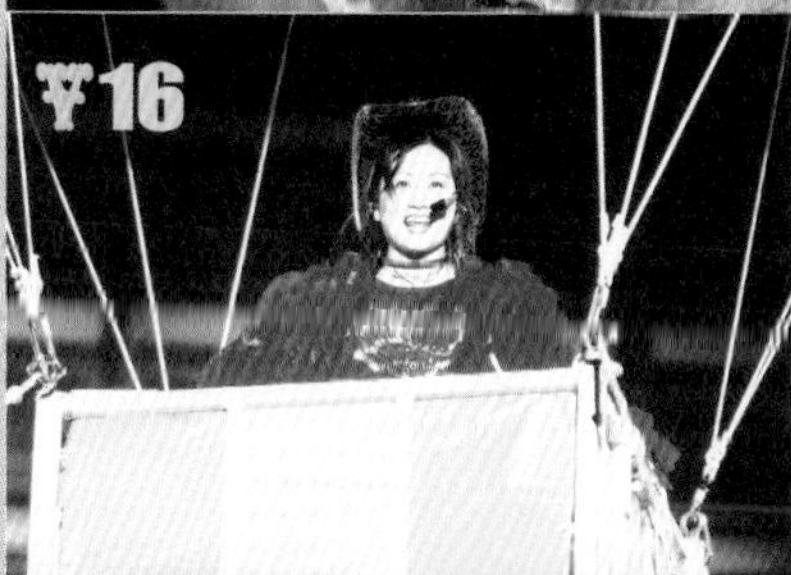
¥16

¥17

¥18

¥19

第3章

ロックについて私が知っている2、3の事柄

MISATO'S CHRONICLES

【2000年代の主な出来事】

★ 00 年 3 月、NHK 衛星第 2 テレビ『新・真夜中の王国』火曜日のパーソナリティー就任。

★ 01 年 10 月、ノルウェーで体験したトレッキングの模様が NHK 衛星第 2 テレビ『BS スペシャル 北欧トレッキング紀行 氷河を越えて北欧最高峰に挑む～ノルウェー～』で放送される。

★ 02 年 3 月、初のカバーアルバム『Café mocha ～うたの木～』リリース。
★ 02 年 10 月、ディズニー生誕 100 周年記念イベント『ディズニー・オン・クラシック』にシークレットゲストとして出演。

★ 03 年 3 月、山口智充と宮迫博之の音楽ユニット"くず"のアルバム『くずアルバム』にコーラス参加。
★ 03 年 6 月、テレビアニメ『ドラえもん』のオープニングテーマ『ドラえもんのうた』担当。

★ 04 年 5 月、映画『世界の中心で、愛をさけぶ』にラジオ DJ 役として出演。作中では『きみに会えて』が挿入歌として使われた。

★ 05 年 8 月、20 年間続けてきた西武ドーム公演が終了。
★ 05 年 11 月、アルバム『Sing and Roses ～歌とバラの日々～』リリース。
★ 05 年 12 月、『NHK 紅白歌合戦』に初出場。

★ 06 年 7 月、山中湖で『美里祭り』を開催。以後、毎年夏に開催。

私にとってロックは「腑に落ちること」

『My Revolution』で私を知ってくれた人は多いと思うけれど、もちろんそれが私の音楽性のすべてではありません。さまざまなタイプの曲を歌ってきたし、これからも歌いたいと思っています。『虹を見たかい』『サマータイムブルース』『夏が来た！』など、いろいろな曲で多くの人たちと出会いました。幅広く、どんな歌でも素敵に届けること、「どんなジャンルの歌も良いんだよね」と感じてもらうことが私の仕事だと思っています。

今「ジャンル」という言葉をあえて使いましたが、実は「ジャンル」についてはまったくこだわっていないんです。そんな概念はないものと思っている。

たとえば「ロック」という言葉は、定義がとても難しいですよね。シャウトした歌い方をする人もいれば、フェイクが得意な人もいる。コードの並べ方が特徴的な人もいれば、R&Bを基本としながらはみ出していく人もいる。いろ

82　アレサ・フランクリン（Aretha Franklin）……「クイーン・オブ・ソウル」「レディ・ソウル」の異名を持つアメリカのシンガーソングライター、ピアニスト。女性アーティストとして初めて「ロックの殿堂」入りを果たしている。アメリカの音楽雑誌『ローリング・ストーン』では「史上最も偉大な100人のシンガー」において第1位に選ばれている。

んな「ロック」があると思うけど、「良い曲だな、良い歌だな」と思えれば私はすべてオッケーだと思っているんです。

じゃあ、私にとって「ロック」とは何なのか。一言で言えば「腑に落ちること」です。

たとえば、アレサ・フランクリン[82]を「ロックンロール」とラベリングするのは少し違う気がしますよね。むしろ「ソウルミュージック」の歌手だとみなされています。でも彼女が歌えば、キース・リチャーズ[83]と演奏する「Jumpin' Jack Flash」だってＪＢ[84]とタッグを組んだ「Gimme Your Love」だって、全部彼女になる。ゴスペルですら腑に落ちる。であれば、私にとって彼女はロックなんです。

楽器をかき鳴らしてシャウトして、というのもきっとひとつのロックでしょう。その人がちゃんとそこに魂を宿しているか、その人の声がそのサウンドにちゃんと宿っているかが重要なのだと思います。マインドやスピリットも含むけれど、「ロックとはマインドのこと」だと言い切ってしまうと、何かが曖昧になってしまう気がします。ロックの定義は難しいですね。

あえて定義するとしたら、自分の心の叫びや表現のことであり、誰かの気持ちに共鳴することや引っかき傷を残すようなことではないでしょうか。

83　キース・リチャーズ（Keith Richards）……イギリスのロックバンド、ローリング・ストーンズ（The Rolling Stones）のギタリスト。リフやフレーズで聴かせるロックの古典を多数生み出した。「Jumpin' Jack Flash」は1968年に発表されたストーンズの楽曲であり代表作のひとつ。1986年にアレサ・フランクリンがカバー、プロデュースをキース・リチャーズが務めている。アルバム『ジャンピン・ジャック・フラッシュ』（原題は『Aretha』）に収録。

84　ジェームズ・ブラウン（James Brown）……アメリカの歌手。「ファンクの帝王」と呼ばれる。1989年、アレサ・フランクリンとのコラボレーション「Gimme Your Love」をリリース。アルバム『愛の嵐』（原題は『Through The Storm』）収録。

「ロックを母乳に育ちました」

デビュー時、私には「ロックを母乳に育ちました」というキャッチコピーがついていました。実はこれ、エピックの方が決めてくれた言葉で、自分では言っていないんです。でも、うまいこと言ってくれるなあと思いました。さすがプロのコピーライターさんは違うなと。

確かに子供の頃に使っていた教科書にはビートルズも赤い鳥も載っていたし、いろんな音楽を栄養として育ってきました。１９９０年の『月刊カドカワ』の特集[85]が事務所にあったので見てみると、ダイアナ・ロス[86]を母に、ミック・ジャガー[87]を父に見立てて自分なりの音楽家系図を書いていますね。姉にジャニス・ジョプリン[88]、祖父にバディ・ホリー[89]、祖母にビリー・ホリデイ[90]。ジョン・ライドン[91]は「あんまりなかよくない」友人＃１（笑）。

洋楽をすごく好んでいたけれど、やはり日本の音楽も絶対に聴いているはずで、そうしたものからの影響も強くあると思います。第１章でも少し触れたけど、中学生の頃はＹＭＯが好きでした。ＹＭＯを聴いていた時期に、キャラメ

85 『月刊カドカワ』「総力特集 渡辺美里 夢をみたかい!」1990年3月発行。

86 ダイアナ・ロス（Diana Ross）……アメリカの歌手。1961年にシュープリームス（The Supremes）としてデビュー。1970年にソロ転向。代表曲『Ain't No Mountain High Enough』（マーヴィン・ゲイ&タミー・テレルのカバー）『Touch Me in the Morning』『Theme from Mahogany（Do You Know Where You're Going To）』『Endless Love』など多数。

87 ミック・ジャガー（Mick Jagger）……ローリング・ストーンズのヴォーカル。2002年に「ポップ・ミュージックへの貢献」を称えて叙勲され、チャールズ皇太子よりナイト位を授けられた。

88 ジャニス・ジョプリン（Janis Joplin）……おもに1960年代に活躍したアメリカのロックシンガー。代表曲に『サマータイム』『心のかけら』『クライ・ベイビー』『ベンツが欲しい（Mercedes Benz）』など。

89 バディ・ホリー（Buddy Holly）……アメリカのロックミュージシャン。ビートルズやストーンズなどに多大な影響を与えたと言われている。代表曲に『ザトル・ビー・ザ・デイ』『アイム・ルッキン・フォー・サムリン・トゥ・ラブ』『ペギー・スー』など。

ル・ママ[92]がアレンジした雪村いづみさん[93]の『蘇州夜曲』[94]を聴いたんです。なんて素晴らしい曲なんだろうと。

この曲は服部良一さん[95]がつくられた曲です。服部さんといえば、笠置シヅ子さん[96]の『東京ブギウギ』や『買物ブギー』といった昭和のメロディとモダンなリズムが特徴ですよね。でも服部さんバージョンではなく、私は雪村いづみ&キャラメル・ママの『蘇州夜曲』から入ったんです。

そういうなかで、はっぴいえんど[97]を聴き、松本隆さん[98]の詞の世界観に惹かれ、同時にテレビからたくさん流れていた阿久悠さん[99]の詞のすごさにも感動しました。松本隆さんと阿久悠さんが世の中的にどんな分類をされているかわからないけど、

90　ビリー・ホリデイ（Billie Holiday）……アメリカのジャズ歌手。サラ・ヴォーン、エラ・フィッツジェラルドと並んで女性ジャズヴォーカリスト御三家のひとりに数えられる。代表曲『奇妙な果実〈Strange Fruit〉』『神よめぐみを（God Bless' the Child）』『I Love You, Porgy』など。

91　ジョン・ライドン（John Lydon）……イギリスのパンクロックバンド、セックス・ピストルズ（Sex Pistols）のリード・ヴォーカル。ニックネームは「ジョニー・ロットン（腐れジョニー）」。ピストルズ解散後はパブリック・イメージ・リミテッド（Public Image Ltd）を結成。

92　キャラメル・ママ……松任谷正隆（Key.）、鈴木茂（Gt.）、細野晴臣（Ba.）、林立夫（Dr.）からなる音楽ユニット。ティン・パン・アレーの前身となった。

93　雪村いづみ……1953年『想い出のワルツ』でデビュー。同い歳の美空ひばり、江利チエミとともに「三人娘」として脚光を浴び、歌やミュージカルなどで日本のショービジネス界をリードした。代表曲に『遥かなる山の呼び声』『オーマイパパ』『青いカナリヤ』『約束』など。1998年に紫綬褒章、2007年に旭日小綬章を受章。

私にとってはどちらもロックで、凄まじいプロの仕事をされていると感じます。

だから私のルーツのなかには、キャラメル・ママ、ティン・パン・アレー、はっぴいえんど、ＹＭＯがあります。ビリー・ジョエル[100]などのメロディアスな洋楽を聴きつつ、サウンド面ではこうした日本の音楽の影響を受けているんですね。のちに小室哲哉さんと仕事をするようになったのは、そのあたりのルーツが関係しているかもしれませんね。

100人いれば100通りのロックがあっていいじゃない！

ロックという言葉を便宜的に使ってきましたが、ロックじゃなきゃダメだとは思っていません。もっと自由でありたいんです。「ロック」という言葉にがんじがらめにはなりたくない。たまに「こんな生き方ロックじゃない」という人もいますが、そういうのはダサいと思ってしまいます。

だって、良い歌だったら全部歌いたいから。ロックであってもポップスであっても、シティポップであっても歌いたい。もしかしたらもっとフォーキーなものがあっても良いかもしれない。真心ブラザーズの桜井さんやYO-KINGさんはどちらかと言えばフォーキーですしね。自分が歌った時に誰も真似でき

94　『蘇州夜曲』……服部良一による代表曲のひとつ。李香蘭（山口淑子）主演の映画『支那の夜』（1940年）劇中歌として発表された。1974年にリリースされたアルバム『スーパー・ジェネレイション』は、服部良一の楽曲を一世代下の雪村いづみが歌い、さらに一世代下のキャラメル・ママがカバー・演奏する企画。この曲は、渡辺美里も2002年にカバーアルバム『Café mocha ～うたの木～』でカバーしている。

95　服部良一……『東京ブギウギ』『銀座カンカン娘』『青い山脈』など、当時最先端のジャズをはじめ洋楽のリズムやビートを歌謡曲に大胆に持ち込み、日本の音楽をつくりあげた日本ポップス界の父的存在。東京音楽祭やレコード大賞の審査委員長、JASRAC会長などを務めた。1993年に国民栄誉賞受賞。

96　笠置シヅ子……1947年『東京ブギウギ』が大ヒット。『ブギの女王』と呼ばれ一世を風靡するが、1956年に歌手を引退。女優活動に専念し、晩年まで芝居やテレビドラマなどで活躍した。

ない世界がつくれるのなら何だって良い、そう思っています。

自分としてもカテゴライズされることを嫌だと感じ、どこかにカテゴライズされそうになったら「こんなこともやりまーす！」って、ヒョイヒョイと軽やかに音楽の世界を泳いできました。逆張りするでもなく、「渡辺美里ってこうだよね」と思う人がいるならそれはそれで良い、でも私はこういうこともやるけどね、そういうスタンスです。こうしたスタンスもやはり自分を俯瞰しているからだと思うし、小坂さんの言葉が活きていると感じますね。

97　はっぴいえんど……細野晴臣、大滝詠一、松本隆、鈴木茂によって結成されたフォークロックバンド。日本語で歌うことにこだわり、日本語ロックの礎を築いた。代表曲に『風をあつめて』『春よ来い』『はいからはくち』など。

98　松本隆……はっぴいえんどの元ドラマー。バンド解散後に作詞家となり、太田裕美や松田聖子はじめ多数のヒット曲を手がける。1981年『ルビーの指環』で日本レコード大賞作詞賞を受賞。2020年で作詞家となって50年目。これまでに手がけた楽曲は2000曲以上。

99　阿久悠……放送作家、作詞家。歌謡曲、演歌、アイドル、フォーク、アニソン、CMソングなど幅広く作詞を手掛け、昭和の日本歌謡界を代表する作詞家。日本レコード大賞など受賞歴多数。1999年に紫綬褒章受章、2007年に旭日小授章受章。

100　ビリー・ジョエル（Billy Joel）……アメリカのシンガーソングライター。代表曲に『ピアノ・マン』『オネスティ』など。美里はビリー・ジョエルのトリビュートアルバム『WANNA BE THE PIANO MAN』に『そして今は…』（原題「AND SO IT GOES」）で参加。

2005年に西武スタジアムライブを完結させた後、今度は美里自身が全国に会いに行くことをコンセプトに2006年から「美里祭り」を開催。第1回は山梨県の山中湖交流プラザ きららシアターひびきにて、柿落とし公演を行った。熊本や北海道、福岡など、各地で毎年開催している。

2007

デビュー 25 周年の美里祭りは、河口湖ステラシアター 2 日間、札幌芸術の森 野外ステージ、福岡・海の中道海浜公園で開催された。

2015年、デビュー30周年のスタートは、渋谷公会堂CCレモンホールから。

何が私をカバーに向かわせたか

歌いたい曲はいっぱいあるんです。世の中には良い曲がたくさんあります。カバーをやりはじめたのは、世の中にある素敵な曲をもっと歌いたいと思ったからなんです。

またアレサ・フランクリンの話になりますが、彼女がキャロル・キング[101]の『A Natural Woman』を歌うと、キャロル・キングとはまったく別の感動的な『A Natural Woman』になります。それはオリジナルを超えるとか超えないとかいう問題ではない。

そう考えたら、自分がこれまで聴いて馴染んできた曲、感動して元気をもらって育ててもらった曲を全部形にしておきたいと思ったんです。それは童謡であり、唱歌であり、ロックでありポップスであり、それら全部です。

きっかけをくれたのは、私を高校生の頃から見てくれているエンジニアの伊

101　キャロル・キング（Carole King）……アメリカのシンガーソングライター。『ウィル・ユー・ラブ・ミー・トゥモロー（Will）』『イッツ・トゥー・レイト（It's Too Late）』『空が落ちてくる（I Feel the Earth Move）』などヒット曲多数。夫のジェリー・ゴフィンとの共作で数多くの楽曲を提供し、クッキーズ『チェインズ』（のちにビートルズがカバー）やリトル・エヴァ『ロコ・モーション』などが有名。ジョン・レノンは後年「レノン＝マッカートニーのコンビで、ゴフィン＝キングのようになりたかった」と語っている。

東俊郎さんでした。

「いっぱい好きな曲があるんだから、カバー曲やればいいじゃん。今までやれなかったことやってみようよ」

そうしてたくさんアイデアを出してもらい、進めてくれたのが『Café mocha ～うたの木～』[102]。

プライベートで行っていたハワイのコーヒー屋さんでいつも飲んでいたのがカフェモカで、この「Café mocha」という響きをいつかタイトルに入れたいなと思っていて。自分が好きなもの、という意味で「Café mocha」をタイトルにして歌いました。

そのあとに出したのが『My Favorite Songs ～うたの木シネマ～』[103]。ミュージカルをやらせてもらう機会もあって、このアルバムではミュージカルの歌と映画音楽を中心にカバーしました。

音楽は、自分の曲も含めて世界共通の財産だと思うんです。今は音楽が届く範囲が広がっているけれど、そのぶん、誰もが知っているポピュラーな曲も減っています。良い曲はどんどん響かせたほうがいいから、これからもカバーは続けたいと思っています。

102　『Café mocha ～うたの木～』……渡辺美里初のカバーアルバム。2002年3月20日リリース。洋楽と邦楽半々からなる作品。

103　『My Favorite Songs ～うたの木シネマ～』……2012年にリリースされたカバーアルバム。映画やミュージカル関連のカバー曲が収録。

オーケストラで発見したこと

セルフカバーについては少し経緯が違っていて、自分の曲を斎藤恒芳さん[104]に編曲していただいてオーケストラでやったら「こんなに面白い曲になるんだ」という発見があったんです。

そのライブの模様は『うたの木 Gift』[105]というアルバムに収録したんですが、セルフカバーという形でもう一度やってみたくなって、アルバム『Dear My Songs～うたの木～』[106]ができました。だから私のセルフカバーはライブから始まっています。

音楽も言葉もアートもあふれている世界で、さらに追求していくこと

世の中には素晴らしい音楽が無数にあって、きっと一生かかっても聴ききれないんだろうけど、それでも新しい音楽をつくるのは、歌いたい、表現したいという気持ちが終わらないからです。

104　斎藤恒芳……ピアニスト、作曲家。1990年、東京藝術大学在学中に葉加瀬太郎、竹下欣伸とクライズラー&カンパニー結成。1990年にシングル『愛のよろこび』でメジャーデビュー。テレビ番組やCM音楽、映画音楽、ミュージカルなどを手がけるほか、薬師丸ひろ子、中西圭三、安達祐実への楽曲提供を行う。

105　『うたの木 Gift』……2000年にリリースされたライブアルバム。1999年にBunkamuraオーチャードホールで開催された「misato '99 うたの木 春」「misato '99 うたの木 冬の華」を収録した完全限定生産アルバム。オーケストラとの共演コンサートであり、編曲を斎藤恒芳が務めた。

106　『Dear My Songs～うたの木～』……2008年にリリースされたセルフカバーアルバム。美里の代表曲をアコースティックで大胆にアレンジしている。

せっかく今を生きているんだから、それを形として残せるのは何だろうとも考えます。自分が感動した出来事や風景、映画や小説などを自分のフィルターを通して表現するのであれば、やっぱり私の場合は歌、音楽だと思うんです。世の中には音楽も言葉もアートもあふれているけど、追求することをやめてしまったら滅びていくだけだと思うので。

だから、心がやりたいと思う限り、心のなかで燃えているものがある限り——とろ火になる時もあればメラメラ燃える時もあり、種火になる時もあるだろうけど——表現することはやめられないと思っています。

（左）アルバム『Love ♥ Go Go!!』ジャケット写真。
（右）西武スタジアムライブ「MISATO Seibu Dome SWEET 15th DIAMOND 2000」のポスター。

2000's POSTER COLLECTION

2000年代の主なポスター。この年代は、アルバムジャケット撮影時の写真とツアーパンフレット撮影時の写真を使ったものが混在している。00年代、90年代のものと比べると雰囲気が一変し、大人になった美里の新たな一面が表現されている。

渡辺美里
NEW SINGLE「十の秘密」
2003/12/17(wed) RELEASE
c/w「Gift ～In my pocket version～」ESCL 2476 ¥1,020(tax in)
テレビ朝日「新・京都迷宮案内」主題歌
全国24局ネット・毎週木曜日20時～ON AIR

Misato
Blue Butterfly
Tour 2004
渡辺 美里
2004年9月21日(火)
渋谷公会堂
開場18:00／開演18:30
●チケット発売日：8月29日(日)
2004年11月27日(土)
大宮ソニックシティ
開場17:30／開演18:00
●チケット発売日：9月26日(日)
●チケット料金：全席指定 ¥6,800
発売日当日、AM10:00より下記プレイガイド
プレイガイド▶
チケットぴあ：0570-02-9999
ローソンチケット：0570-06-3003
CNプレイガイド：03-5802-9999
イープラス：eee.eplus.co.jp

100% MISATO ORANGE 18TH
SPECIAL GUEST
渡辺美里
西武ドーム
2003年8月9日(土)
100%ミサト オレンジ エイティーンス
開場15:00 開演17:00
一般 ¥6,800
ファミリーBOX席 ¥12,600
●チケット一般発売日 7月6日(日)
AM10:00～

第4章

harvest ～収穫の時～

MISATO'S CHRONICLES

【2010年代以降の主な出来事】

★10年1月、ベストアルバム
『25th Anniversary Misato Watanabe Complete Single Collection ～ Song is Beautiful ～』

リリース。

★11年6月、日産スタジアムで開催されたサッカーキリンカップ日本対チェコで国歌独唱。
8月、18thアルバム『Serendipity』リリース。

★12年11月、ミュージカル「アリス・イン・ワンダーランド」にハートの女王役として初出演。

★13年8月、UGUISS feat. MISATOとして「RISING SUN ROCK FESTIVAL 2013 in EZO」に出演。

★14年11月、ミュージカル「アリス・イン・ワンダーランド」が再演され、再び出演。

★15年4月、19thアルバム『オーディナリー・ライフ』リリース。

★19年8月、20thアルバム『ID』リリース。

★20年4月、ベストアルバム『harvest』リリース。

またここから始まる——ゼロ年代以降のコラボレーション

デビューの頃からずっとそうだったように、偶然の出会いがつながって新しい作品がいくつも生まれています。２０００年代以降は、GLAYのTAKUROさん、コブクロの小渕健太郎さん、真心ブラザーズのおふたりやCaravanさん、サンボマスターの山口隆さんやNONA REEVESの西寺郷太さんとの仕事を通して、新しい歌を歌ってきました。

『Kiss from a rose』——TAKURO（GLAY）

TAKURO[107]さんを知ったきっかけは吉川晃司さんです。吉川さんとはトレー

107　TAKURO……函館出身のロックバンド・GLAYのギタリスト、リーダー。「HOWEVER」「誘惑」「Winter, again」など、6作品でミリオンセラーを達成。上京して初めて観たスタジアムライブが渡辺美里のコンサートだったという。

ニングジムが一緒で、隣で走っている時に「美里ちゃんさ、GLAYってバンドがいて、ギターのTAKUROくんは美里ちゃんのことがすごく好きらしいんだよね。今度、彼の曲聴いてみて」と言われて。で、また別の日に、今度はテニスコートのフロントでも吉川さんに会って。飲む席では一度も会ったことがないのに、スポーツジムにテニスコートに、私たちってなんて清々しくて健全なんだろうなんて話していたら、その時もTAKUROさんの話をしていたんです。TAKUROさんやGLAYに興味を持つよりも「吉川さんってなんて後輩思いの良いやつなんだろう」って感心してしまいました。

北海道でラジオ番組[108]をやっていた時は、パーソナリティーのKARASUさん[109]がTAKUROさんと親しくて、「TAKUROくんが美里ちゃんのことすごく好きでね」とよく聞いていました。

GLAYの15周年にコメントを求められた時は、TAKUROさんから「僕たち、ファンクラブの集いのタイトルを『10 years ～あれから10年も、このさき10年も～』にしたんです」と言われて。おいおい、それまんまじゃないか。でも許してあげよう。なんていうやり取りもありましたね。

初めてちゃんと会ったのは、U2の東京ドームコンサートの時。コンサート前に控室に案内していただいて入ったら、先にGLAYの方々がいて。４人と

108　週刊カラスの森～美里とカラスのロングステイ～（2009年４月～2009年９月）。

109　KARASU……北海道を拠点にするラジオパーソナリティ。本名は横内則子。

もパッと立ち上がってそれぞれ自己紹介してくれました。

彼らも西武球場でライブをしたそうですね。のちに球場の方と会った時に聞いたんですが、TAKUROさんから提案された演出のアイデアに「それはうちの球場では無理です」と答えたら「いや、渡辺美里さんのコンサートでやっていたはずです。僕それ観ましたから」と言われてしまったと（笑）。

だからなんて言うか、周りからグイグイ勧められた感じがあります。実際に会ったのは1回か2回くらいしかないかもしれません。アルバム『Sing and Roses』[110]でTAKUROさんに曲をお願いすることになった時も、プロデュースしてくれた有賀さんがTAKUROさんに話してくれたので、私はそんなに直接お話ししたことはないんです。

でも、函館の街で私の音楽をずっと聴いていてくれていた人がいるということはとても嬉しいし、その方が今も大活躍してたくさんの人に受け入れられているのは、とってもカッコ良いと思います。

『YOU～新しい場所～』――小渕健太郎（コブクロ）

コブクロの小渕健太郎さん[111]もTAKUROさんと同じくらいの世代なのかな？

110 『Sing and Roses～歌とバラの日々～』……2005年にリリースされた16thアルバム。TAKURO（GLAY）、小渕健太郎（コブクロ）、槇原敬之などが参加している。

111 小渕健太郎……黒田俊介とのデュオ・コブクロのギター&コーラスを担当。代表作『永遠にともに／Million Films』『桜』『蕾（つぼみ）』など多数。美里には『YOU～新しい場所～』『MUSIC FLOWER』を提供。

コブクロがテレビに出始めた頃、フジテレビのプロデューサーの深瀬雄介さん[112]から連絡が来て。「今度、コブクロが初めてミュージックフェアに出るんだけど、美里ちゃんと共演したいって言っていて。どう？」と。私はちょうど制作期間でテレビに出る時期ではなかったんだけど、そしてそれを深瀬さんもわかっているはずで、それでも連絡してきてくれたわけだから、だったら出演させてもらおうかなと思ったんです。で、コブクロと一緒に歌ったのが『悲しいね』。小渕さん、『悲しいね』が大好きなんですって。他に何を歌ったか覚えていないくらい『悲しいね』が好きだという話をしてくれて印象に残っています。

だから小渕さんも周りが引き合わせてくれた人。フジテレビの深瀬さんがいなかったらたぶん出会わなかったと思う。小渕さんが書いてくれた『YOU～新しい場所～』[113]と『MUSIC FLOWER』[114]は、小渕さんが思う渡辺美里をそのまま描いてくれたなと感じています。

TAKUROさんも小渕さんも、渡辺美里をどう思っているかが伝わってくる楽曲をつくってくれました。アーティストとしてすごく正直な表現方法だと思うし、ふたりともとっても素敵な曲を書いてくれたと思います。

112　深瀬雄介……フジテレビのプロデューサー。「夜のヒットスタジオ」でADを担当していた頃に美里と出会う。美里と小渕をつないだ「ミュージックフェア」ではプロデュースを務めた。

113　『YOU～新しい場所～』……2002年にリリースされた41stシングル。コブクロの小渕健太郎が初めて美里に提供した曲。アルバム『ソレイユ』収録。

114　『MUSIC FLOWER』……小渕が美里に提供した楽曲。編曲は有賀啓雄。アルバム『Sing and Roses～歌とバラの日々～』収録。

『鼓動』――YO-KING（真心ブラザーズ）
『Glory』――Caravan

YO-KINGさんは、佐橋さん[115]からの推薦です。実際にお会いすることはないまま制作は進んだのですが、『鼓動』[116]という曲ができた時、ぎゅっと感情をわしづかみされるような思いにかられました。ご自身の胸のうちをこの曲に込めてくれたんだろうなと感じて、大事に歌わなきゃと思った曲です。YO-KINGさんとの初めましては「Rising Sun Rock Festival」[117]の時。ホテルのロビーでバッタリ会いました。その時に「すごく素敵な曲をありがとうございました」「良い感じで歌っていただいてありがとうございました」という挨拶をしましたね。

Caravanさん[118]は、北海道のKARASUさんと一緒にラジオをやっていた時、オープニングで流れていた曲がすごく良い曲で。「ねえKARASUさん、今流れている曲すごく良い曲なんだけど、誰？」と聞いたら「良いでしょ、Caravanっていうの」って教えてくれて。それで改めて聴いてみたらやっぱり素晴らしくて。コンサートも観に行かせてもらいました。

115 佐橋佳幸……ギタリスト、音楽プロデューサー。ロックバンドUGUISSのメンバーとしてデビュー。バンド解散後、セッションギタリストとして数々のレコーディングやコンサートに参加。1985年より渡辺美里の楽曲制作に携わり、バンマスも務める。小田和正「ラブ・ストーリーは突然に」、藤井フミヤ「TRUE LOVE」などに参加。他にも、桑田佳祐、坂本龍一、佐野元春、福山雅治、氷室京介、山下達郎など日本を代表するアーティストたちの楽曲に参加。

116 『鼓動』……真心ブラザーズのYO-KINGが美里に提供した楽曲。編曲は佐橋佳幸。アルバム『オーディナリー・ライフ』収録。

117 Rising Sun Rock Festival……毎年夏に北海道小樽市の石狩湾新港樽川ふ頭横野外特設ステージで開催されている国内最大級の野外オールナイトロックフェス。JUJU SS feat. MISATOとして2013年に出演。

『涙を信じない女』――山口隆（サンボマスター）
『大きな愛の降る街で』――西寺郷太（NONA REEVES）

『オーディナリー・ライフ』つながりで言えば、サンボマスター[119]の山口隆さんとだけはまだ会っていないんです（2020年3月現在）。サンボマスターの、あの胸をかきむしられるような世界観がすごく好きだなあと感じていて、私もあんな歌を歌ってみたいとずっと思っていたんです。そしたら偶然、ディレクターの鈴木陽介さんがサンボマスターのみんなと同じ学校に通っていたんですね。で、「ちょっとサンボマスターに頼んでみたいんですけど」と言ってくれて。『涙を信じない女』というタイトルとともに歌詞が送られてきた時は「クウーッ！」と思いましたね。私って山口さんからそう見えているのか、カッコ良い、そのままでいよう、って。でもまだ会ったことがないので、私にとってはミステリアス・ダンディ。どこかで偶然会うと思っていて、会ったらどんなふうにお話できるのか楽しみにしています。

　アルバム『ID』では、NONA REEVES[120]の西寺郷太さんと初めて一緒に仕事をしました。彼は筒美京平さんとマイケル・ジャクソンが大好きなんですよね。

118　Caravan……シンガーソングライター。幼少期をベネズエラで過ごす。日本全国を旅しながらライブを重ね、2005年にメジャーデビュー。代表曲「Feed Back」「No reason blues」など。アルバム『オーディナリー・ライフ』に「Glory」と「Hello Again」の2曲を提供。どちらも編曲は佐橋佳幸。

119　サンボマスター……山口隆、近藤洋一、木内泰史からなる3ピースロックバンド。2005年にテレビドラマ「電車男」の主題歌に抜擢された「世界はそれを愛と呼ぶんだぜ」が大ヒット。代表曲に「世界をかえさせておくれよ」「そのぬくもりに用がある」など。アルバム『オーディナリー・ライフ』にて、山口隆が『涙を信じない女』を提供。編曲は佐橋佳幸、奈良部匠平。

120　NONA REEVES……西寺郷太、奥田健介、小松シゲルによるポップ・ソウルバンド。1997年メジャーデビュー。「ノーナ」はマーヴィン・ゲイの娘ノーナ・ゲイ、「リーヴス」はモータウンのシンガー、マーサ・リーヴスに由来する。アルバム『ID』に西寺郷太が『大きな愛の降る街で』を提供。編曲は本間昭光。

私のなかにマイケルの要素があるかどうかわからないけど、彼が聴いてきた音楽のなかには、私がこれまで歌ってきた曲をつくってきた人がたくさんいます。だから一緒にやったら面白いかもしれないと思って。結果、すごくハマりました。お会いしたのは初めてだったけど、「私、コイツ大好きだな！」と思いました。

2019年の『My Revolution』
――新世代による再解釈　Night Tempo

話は少し逸れるけど、2019年は、FOX TVの『ポーズ』[121]というドラマにすごくハマりました。主に1987年頃のニューヨークにスポットを当てた作品で、LGBTQ+の若者たちが「ハウス」と呼ばれるグループで共同生活を送りながら毎週ダンスホールに集まり、ファッションとパフォーマンスを競い合うんです。こういったクラブシーンを見てマドンナ[122]は『ヴォーグ』[123]をつくったんじゃないかな。華やかな反面、悲しいドラマであり、それでも自由や表現の素晴らしさが詰まった素敵なドラマで、早く次のシーズンが放送されないか楽しみにしています。面白かったのは、当時のLGBTQ+の人たちのミューズがダイアナ・ロスやライザ・ミネリ[124]なんです。彼らにとっては上の世代です。

121　ポーズ……アメリカのテレビドラマ。『glee／グリー』などを手がけるプロデューサー、ライアン・マーフィーによるプロデュース作品。2018年6月に第1シーズンが放送開始。80年代ニューヨークのボール・カルチャーとLGBTQ+を題材にし、大ヒット。第71回エミー賞にてビリー・ポーターがドラマ部門で主演男優賞を受章。

122　マドンナ（Madonna）……ギネス世界記録において「全世界で最も売れた女性レコーディング・アーティスト」「史上最も成功した女性アーティスト」認定。代表曲『ライク・ア・ヴァージン』『マテリアル・ガール』『ヴォーグ』『ダイ・アナザー・デイ』など多数。

123　『ヴォーグ』（Vogue）……1990年にリリースされた、マドンナにとって2枚目のサウンドトラック『アイム・ブレスレス（I'm Breathless : Music From and Inspired by the Film Dick Tracy）』から先行発売されたシングル。マドンナにとって最大のヒット曲のひとつであり、ハウスミュージックを代表する楽曲としても知られる。ニューヨークで生まれたダンスムーブメントである「ヴォーギング」を世界中に流布する火付け役となった。

つまり、ジャストな世代ではなくても、年代を遡ってダイアナ・ロスやライザ・ミネリの音楽を面白がり、そういう人たちが音楽をダンスにミックスしていく。もしかしたら、それの現代版とでもいうべきことが起きているかもしれない、と感じることが最近ありました。

西寺郷太さんが「美里さん、これすごい画なんで見てください！」ってある動画を見せてくれたんです。２０１９年の「FUJI ROCK FESTIVAL '19」のステージの映像でした。その動画では、なぜか、今の10代や20代の人たちが『My Revolution』で熱狂していたんです。Night Tempo[125]さんという、韓国のＤＪのステージだったようですね。

とてもびっくりしました。だって、演者もお客さんも、みんな私のことを知らない世代ですよね？　自分の曲で、若い人たちが、本人不在であんなに盛り上がっているなんて……すごく不思議だった。新しく出会った西寺郷太さんがそれを教えてくれたということも含めて嬉しかったです。「うふふ」って笑いました。

シンプルにカッコいい曲だと思ってくれたのか、転調も含めてグッときてくれたのか。詞の内容まで噛み砕いてくれているかはわからないけど、韓国で暮らすNight Tempoさんがどうやって『My Revolution』にたどり着いて、何に魅力を感じて、ああやって再構築しようと思ったのか、興味があります。

124　ライザ・ミネリ（Liza Minnelli）……アメリカを代表する歌手、女優。映画監督のヴィンセント・ミネリと女優・歌手のジュディ・ガーランドの娘として生まれる。２歳半でスクリーンデビューし、７歳で舞台デビュー、10代でブロードウェイデビューを果たす。

125　Night Tempo……Vaporwave や Future Funkなど、インターネット由来の音楽を中心に活動している韓国のアーティスト、ＤＪ。日本の80年代アニメやアイドル歌謡を大胆にサンプリング・再構築することを得意とする。２０１９年にフジロック出演、最終日深夜のレッドマーキー・ステージにて『My Revolution』をプレイ。この年のベストアクトのひとつに挙がるほど来場者の間で話題になり、日本でもその後、全国６都市でツアーを開催するなど、今もっとも注目されているＤＪのひとり。

30周年にリリースされた『オーディナリーライフ』ジャケットのアウトテイク。

20 枚目のオリジナルアルバム『ID』のファンクラブ限定盤ジャケット。
浜離宮朝日ホールで行われた、ピアノ・チェロ・ヴォーカルの３人で
奏でられた『シンシアリー』が収録されている。

MISATO

私を支えてくれたアーティストたち

この章では、おもに2000年代以降に組んだアーティストについてお話しましたが、長年私を支え続けてくれた方々についても改めて触れないわけにはいきません。

伊秩弘将さんは、小室さんや岡村さんと出会ったすぐあとに出会った人。信濃町のスタジオで『IT'S TOUGH』や『恋したっていいじゃない』のレコーディングに立ち会ってくれた時と、それから30年後、横浜アリーナのコンサートや楽屋にご挨拶に来てくれた時とで、まったく印象の変わらない丁寧な人です。彼はSPEED[126]をはじめさまざまな方々と仕事をして大プロデューサーになられたわけですが、あの頃と何も変わらず、相変わらず音楽が大好きで、真面目で一生懸命で素敵な人です。

126　SPEED……今井絵理子、島袋寛子、上原多香子、新垣仁絵によるダンス＆ヴォーカルグループ。沖縄アクターズスクール出身。1996年にシングル「Body & Soul」でメジャーデビュー。「STEADY」「White Love」「my graduation」「ALL MY TRUE LOVE」など代表曲多数。1999年に解散を発表。美里の楽曲で作曲家デビューした伊秩弘将がプロデュースを務めた。

清水信之さんは[127]、子供の頃からずばぬけた音楽の才能があってミュージシャンとしての輝きがあり、とにかくキャリアが長い方。佐橋佳幸さんはその後輩。私より5歳年上なのに普段は「くん」付けで呼んでしまっています。彼はUGUISS[128]としてデビューしながらも短い期間でバンドが活動を終了してしまって。でもギタリストとしての才能があったから清水さんが呼び寄せたんです。

佐橋さんと初めて会ったのはとあるスタジオでした。私はライブのリハーサルをやっていて、彼も別のリハーリルをやっていたんです。

「あっ、渡辺美里さんですね？」

それが彼の第一声で、ちょうどそのスタジオに『eyes』のジャケットがあったから「この方ですね？」と。

そこから始まって長いお付き合いです。彼とは面白い時期に出会ったと思いますね。いまや、日本の音楽のメインストリームで輝いている人たちから引っ張りだこのギタリスト、音楽プロデューサーとして大活躍です。

木根尚登さんは高校生の頃に出会った人。私の中では、小室さんは両手で複数のキーボードを触ってるイメージで、木根さんは場を盛り上げるのがとてもうまい人でした。楽しいムードをつくってくれる素敵な先輩です。

127　清水信之……竹内まりやのサポートやスタジオミュージシャンを経て、EPOのデビューアルバムにて編曲家デビュー。1970年代から現在に至るまで、プロデューサー、編曲家、作曲家として数々のヒット曲を生み出し、あらゆる楽器をこなすマルチ奏者として幅広く音楽活動を続けている。

128　UGUISS……1983年にシングル『Sweet Revenge』、アルバム『UGUISS』でデビュー。全国ツアーを成功させるが、2ndアルバム『Presentation』のプロモーション中に解散。2013年、ベースに井上富雄、ヴォーカルに渡辺美里を加えてUGUISS feat. MISATO名義で活動を開始。

私の楽曲のなかでも「隠れた名曲」をたくさん書いてくれています。「隠れた名曲」とカッコ書きにしたのは、「いや俺、隠してないから」って木根さんがよく言うから（笑）。『eyes』『さくらの花の咲くころに』『Kick Off』など、その時々で私のキーになる曲、これぞという曲が必要な時につくってくれました。

木根さんのメロディは、人柄と同じでとても優しいんです。ものすごく普遍的な曲をつくるメロディメーカー。本当にお世話になっています。

そういえば、元々木根さんはキーボーディストだったんです。小室さんは木根さんを見てキーボードをやりたくなったんじゃなかったかな。「木根はギターね、パントマイム」と小室さんが任命したのは有名な話。

千里さんについては……語り出したらそれこそ本が一冊できるくらい、千里さんと私のアーティスト同士のつながりは強いものがあります。

東日本大震災が起きた時、アメリカにいる千里さんからすぐに連絡が来ました。声を聞くのは2008年以来。最後に話したのは、千里さんが学生としてニューヨークに発つ日の前日だったので、3年振りです。

私は翌月にニューヨークでのレコーディングを控えていました。

「千里、来るの？」

「うん。行かないと、アルバム完成しないし」

「じゃあさ、一緒にチャリティやろう」

あっという間に千里さんが会場を押さえて、私たちはニューヨークで共演することになりました。

アメリカに着いて、翌日にはレストランに行って曲順を出し合って、すぐに千里さんのおうちのピアノでリハーサルしてそのまま「THE BITTER END」というライブハウスでやったのが「渡辺美里×大江千里　NYジョイントライブ・東北関東大震災／津波救済ベネフィット・コンサート」です。

そういうことも含めて一緒にやってきた仲なんです。


思い返せば、スタジオで初めて会った時、千里さんは『未成年』というアルバムの制作中でした。エンジニアは伊東俊郎さん。当時から千里さんはラジオやテレビで全国あちこち駆け回っていたので、彼が外に出ている間、伊東俊郎さんがミックスやトラックダウンをやっているのを私はずっとスタジオで見ていました。伊東さんから「どっちの歌がいいと思う？」と聞かれ、「ここはこっちが良いと思うけど、ここはこっちのほうが良かったと思う」「だよね～」なんていうやり取りをしながら、千里さんの現場ではスタジオを勉強させてもらいました」

数えきれないほどの思い出があり、作品づくりのためにたくさんの濃密な時間を過ごしてきました。

『悲しいボーイフレンド』という曲ができた時、まだエピックが青山にあった頃で、アーティストルームにはグランドピアノが置いてあって。千里さんがピアノを弾きながら『悲しいボーイフレンド』を歌い、「もうちょっと高いほうがいいかな？　ここはもっと低いほうがいいかな？」とか言いながらキー合わせをしてくれた時のこと。

『素顔』という曲では、てにをはの一つひとつに至るまで一緒に歌詞を書いたこと。

初めて千里さんが武道館でコンサートをやった時にゲスト出演させてもらい、『雨降りになったら』を歌ったこと。

西武球場V20の時、千里さんのピアノで歌った『10years』のこと。

ブルーノートTOKYOで『KUMAMOTO』を歌えたこと。

お兄ちゃんでもあり、尊敬する先輩でもあり。

連絡を取り合わなくても、なんとなく波動が伝わってくるような気さえします。

日本でのポップスのキャリアとジャズミュージシャンになってからのキャリアの両方を見ているので、本当に千里さんの音楽に対する情熱と頑張りには頭が下がります。私もたいがい頑張り屋なほうだと思っているけど、私なんか足元にも及ばないくらいの人。

悩んで苦しんだ時は千里さんに相談する。それくらい私は信頼しているし、感受性の振れ幅が大きくてふところが深い人だと思います。

第5章 どこかにある「ぼくの中のロックンロール」

花盛りの時代に、種を植え続けてきた

さて、改めてこの35年間を振り返ると、80年代と90年代は、それまで準備していたことが一気に発芽していった時期だと思います。この期間は外から見るとウワーッと一気に広まったイメージがあるかもしれませんが、自分の中では、ヴォーカリストとしてのキャリアの種を植えていた時期だと思っています。

西武球場という大きな畑をいただいて、たくさん太陽を浴び、雨も降り（笑）、屋根も付き、あの空間だからこそできたコンサートの数々があり、ああいう舞

台だからこそ生まれた曲たちがあります。

また、そのような時代だったからこそできたこともあります。世の中全体が面白いことを求めていた時代であり、それらが叶(かな)ったバブルという時代でもありました。「とりあえずやってみよう！」とみんなが担いでくれた。そういう部分も大いにありました。経済的にやりたいことがやれる状況だったという時代背景も含めて、いろいろなものが味方してくれていたのだと思います。

いや、味方だと言い切ってしまってはいけないのかもしれない。というのも、担がれていた神輿からのちに突然落とされることがあるから。私には「落とされた」というはっきりした記憶はないけれど、人は良い時に寄ってきて、そうじゃない時には離れていくもの。そうしたことをこの35年間でまざまざと見てきました。

10年目の西武球場を終えたあたりまではイケイケドンドンな雰囲気がありつつも、どこかで「この先に自分の本当の評価があるんだ」と思っていました。ものすごい勢いで走りながら、同時に頭は冷静だったんです。

花盛りのように見えて、実はヴォーカリストとしての種を植え続けた時期。この35年間の中で今がいちばんやりたいことをやれているという状況を考えると、あの時の自分はしっかりと植えることができていたんだなと実感していきます。花開きながらも種を植え、それが広がっていったのが80年代と90年代ですね。

今、いちばん自分らしいライブをできている

２０００年代は、また自分を鍛える時期。音楽業界が悪い意味で変わりはじめた頃で「ラジオなんて誰も聞いてないよ」なんて業界の人が言い出すような時代になっていました。レコード会社の人が、ラジオ局で「じゃ、ここ置いときますんで」と自分たちが手塩にかけてつくったＣＤを置きっぱなしにするんです。「置いときますんで」って、ただ置いておいたら誰も聴かないだろうと。音楽ってこの程度の扱いになっているんだな。これじゃあ種は実らないし花は咲かない。だったらライブやろう、そう思ったんです。

共通言語がない人に対して「もっとちゃんと手渡しで、こういう曲だから聴いてくださいって言わなきゃ」なんて言っても通じないだろうと。じゃあ私は、そんな人たちとは仕事をしない。私は私でライブに力を入れよう。そうして始めたのが１９９９年から始まった「うたの木」です。

それまでにも、うたの苗木はたくさん持っていました。オーケストラやクインテット、アコースティック。それこそ２０１９年には、チェロとピアノと歌だけの究極に削ぎ落とした形にも挑戦しました。そのようにシフトしたのは「ち

ゃんとライブができれば絶対に届く、と思っていたからです。

手渡しで音楽を伝えていくことによって、音楽から離れていた人たちにもう一度目を向けてもらい、耳を傾けてもらうようにすること。「そうじゃん、こんなに良い曲たくさんあるんだよね、忘れてた」と思い出してもらうこと。それが1999年から2000年代の初め頃までに私が力を入れていたことです。

2000年代の半ば以降は、また植える期間。3章から4章で書いた通り、日本の広さに改めて気づかされ、細かくあちこち行こうと思い、ライブツアーを始めました。そうして2010年代になってまた少しずつ芽が出てきたのではないかという気がしています。

ここ数年、ソウルフラワーユニオン[129]の奥野真哉さんにバンマスに入ってもらっているんです。これまでにも、佐橋さん、有賀さん、スパムさん[130]と、それぞれに時代を象徴するライブができていました。1年目から10年目まで最高のライブができていたし、10年目から20年目も最高のライブができたと思っています。そんななか私は、今がいちばん自分らしいライブができていると思います。奥野さんとは見てきた時代や嗅いできた香りが同じだから、一から十まで言わなくとも伝わる感じがしたんですね。私が思う「腑に落ちる」サウンドやロックが実現できるんじゃないかと。やっていても本当に楽しいんです。

129　ソウル・フラワー・ユニオン（SOUL FLOWER UNION）……中川敬率いるミクスチャーパンクバンドのニューエスト・モデルと、伊丹英子率いるガレージバンドのメスカリン・ドライヴが同時解散・統合することで1993年に結成されたバンド。日本の土着的グルーヴとロックンロールとのミクスチャースタイルを確立した。奥野真哉はキーボードを担当。

130　スパム春日井……パーカッショニスト＆マニュピレーター。鈴木雅之、野宮真貴など、さまざまなミュージシャンのサポートを務める。「Misato Sing and Roses Tour '05～'06～歌とバラの日々～」からメンバーとして参加。『ニューワールド～新しい世界へと～』のアレンジなどを担当。

心が折れても、新しい芽を出すために

もちろん、心が折れることは何度もありました。でも、もう何もやりたくないとは思わないんです。「新しい芽を出すために私は今折れたんだ」と思える。ツアーが終わった後なんか毎回、燃え尽き症候群のような状態になります。「次、どうしよう……」と思いながら倒れています。だけど「もうこれでじゅうぶんだ」と思ったことがありません。

ただ、さすがに西武球場ライブを20年やった時は「これはここで一区切りだな」と思いました。ひとところ20年というのはじゅうぶん勤め上げたから、新しいところに行かなければと思ったんですね。次の世界を見たくなって「美里祭り」を始めました。

だから、西武球場を終えた時に名残惜しさはありませんでした。はっきりと前を向いていたから。

でも2018年に13年ぶりに西武球場（メットライフドーム）で国歌独唱とミニライブをやらせてもらった時、西武ファンと日ハムファンの方々が360度全方位から「おかえり！」[131]って迎えてくれた時は、「はっ……私ここ、好きかも！」って、初恋が蘇るような気持ちになりました。このスタジアムで私は育ったんだなと。

もがき苦しんだ19歳の頃から30年間、西武でライブをやり、その後、13年経ってみて、懐かしい気持ちに胸がきゅんとなりました。

なぜ表現を続けるのか——すべてライブで報われる

歌っている時がいちばん自由で、いちばん解き放たれていて、自分らしいと思えます。何もストレスがない。マイクを持っている時がいちばんバランスが良いんです。3歳の頃からずっと、おしゃもじでもおたまでもマイクにして歌ってきました。

もちろん健康管理にはかなり気をつかっています。死んでもいいから健康になりたいくらい命をかけてステージに立てる状況をつくっています。それはそれで大変だけれど、いったんステージに上がってしまうと、ここがいちばん自

131　2018年8月4日に開催された「ライオンズフェスティバル2018」。埼玉西武ライオンズvs北海道日本ハムファイターズ第13回戦に「西武球場レジェンドOG」として渡辺美里が来場。試合前には国歌独唱を披露した。試合は3時間49分にわたる接戦となり（結果は6-3でファイターズが勝利）、ミニライブは22時を過ぎてから開催。にもかかわらずほとんどの観客が残り、会場は西武カラーの青いペンライトで埋め尽くされた。渡辺美里は13年ぶりに西武で『My Revolution』を歌ったほか、『10 years』をアカペラで披露した。ちなみに、渡辺美里が西武球場でライブを行っていた20年間のうち、西武ライオンズがリーグ優勝した回数は12回。半分以上優勝しており、一部のライオンズファンからは「勝利の女神」と呼ばれている。

分が本当にのびのび自由でいられる場所だと実感できる。歌いたくない、と思ったことが35年間で一度もないんです。

この35年、いつも何かに追い立てられるように生活してきたとは思います。誰に強制されたわけでもなく、しなきゃならないことなんて本当はひとつもないはずなのに、なぜか責められるような気持ちを抱き、「これでいいのかな……」と申し訳ない気持ちになることもありました。

曲づくりは地味な作業の積み重ねです。スタジオにこもって細かな作業をコツコツと続けるもの。「できない、できない……」と思いながらギリギリまで詞を書いて、歌ってみては響きを聴いて、また直して。字面は良くても入ってこないこともあるし、そういう時は何度も書き直さなければいけないし、そういう気の遠くなるような作業の繰り返しです。「なんで私こんなことやってるんだろう」と思うことだってあります。

でも、いざライブになると、そういうことはすべて消えてしまうんです。

時間をかけて努力を惜しまずつくってきたものをライブで披露した時、みんながコール&レスポンスしてくれると、

「これ！　これを想ってあの孤独な時間を過ごしたの！」

と思えるんです。すべてライブで報われる。

そしてもうひとつ。これから先もできる限りクリエイティブな環境に身を置いていたいというのが私の願いです。

とにかく歌を届けたいという想いが大前提としてあって、単に自分で音楽をつくって聴いていれば満足するというタイプではない。ヴォーカリストとしての欲が強く、誰かが良い曲を歌っていると「あんな良い曲歌ってる！　私も歌いたい！　あんなふうに歌いたい！」と思うんです。ジャニス・ジョプリンみたいに、キャロル・キングみたいに、アレサ・フランクリンやアリシア・キーズ[132]みたいに歌いたい。

どんどん素敵な人が出てくるから「あの人のあの曲を自分が日本語で歌ったらどうなるかな？」と、試したいことがいっぱいあります。まだ形にしていないものがたくさんあるんです。

もしひとつ欲を言うとすれば、もっと音楽の世界が熟していって、ゆったりと音楽を聴くような風潮ができればいいなと思っています。音楽は若者だけのものではないから。そういう新しい道をつくりたい。

132　アリシア・キーズ（Alicia Keys）……アメリカのシンガーソングライター。2001年にアルバム『ソングス・イン・Aマイナー』でデビュー。翌年のグラミー賞では新人賞、最優秀楽曲賞など5部門を受賞。代表曲に『Fallin'』『If I Aint' Got You』『No One』『Girl on Fire』など。

ある時、幼稚園の遠足（?）と思われる写真が出てきて、みんながお友達と手をつないできちんと並んで歩いているのに、ひとりだけ列からはみ出して、お花を摘んでキャラメルかなんかを食べているのか歌を歌っているような私の姿が。

思わず「ぷっっ」と吹き出してしまいました。「この頃からロックンロールからはみ出してるじゃん」って。

よく「仲の良いミュージシャンは？　芸能人の親友は？」と聞かれることがあるのですが、みんなそんなに「親友」っているのかなと思ってしまう。

良い仲間や心許せる人がたくさんいることは素晴らしいこと。思いもよらないつながりや出会いが自身の心を豊かにしてくれることもあるでしょう。

しかし誰にとってもたった一度の人生。道なき道を進んでゆくのは誰しもそれぞれの孤独を抱えているのでは？と思うのです。

競争の激しいエンターテインメントの世界も同じです。華やかでたくさんの人に囲まれてなんだか楽しそうで眩しく感じている方も多いと思いますが、喜びを感じられるのは一瞬です。いくつもの孤独や涙、怒りや不条理、不安を越えた先にある「その一瞬」は、何にも代え難いほどの輝きを持ちます。

この35年、どのシーズンも私なりに精一杯やってこられたと思います。ここ数年、さらに今が最高！と感じながら音楽をやれていることは奇跡のようです。

この先どんな歌を歌えるのか？　チャレンジし続けられるのか？　見てみたいんです。

どこかにある「ぼくの中のロックンロール」を探して、ふとした時に耳にした歌声が、誰かのココロを照らし共鳴し合える……そんなうたを歌える冒険者でありたいんです。

MISATO
V1
V2
V4
V9
V10
V11
V12
V13
V14
V15
V16
V17
V18
V19
V20
NO SIDE
25th Anniversary
Misato Watanabe
Complete Single Collection
Song is Beautiful
2010 1.27 Release
Song is Beautiful
Misato Watanabe
MISATO
Lovin' you
HEART OF ROCK'N' ROLL
SHE LOVES YOU
misato
taiyo wa shitteiru

LIVE IS WONDERFUL
Misato Matsuri Box
2006-2010
MISATO Lovin'you
misato·ribbon
M·Renaissance
Misato Brand New Heaven
Life is Wonderful
misato-Lucky
misato-Lucky
Misato
Baby Faith
Tour
1994-1995
1999 misato
1999 misato seibu dome vol.14
2004 misato calendar
MISATO
& THE LOVER SOUL
SPECIAL CONCERT

あとがき

デビュー35周年を記念して今までのことをまとめた本を出しませんか？

とお話をいただいたのは2018年のこと。

その頃は絶賛「M・Evolution Tour」中でしたし、アルバム『ID』も制作し、2019～2020年のツアーもやることが決まっていましたから「ムリです。書く時間は毛頭ありませぬ」と時間を理由にお断りしていました。

元来「ライブがすべて、作品がすべて、言いたいことはライブで」と、過去のあれこれをお話したり書き記したりすることは苦手で、未来を描くことに夢中な私には向かない作業だと思っていました。

しかし相手もさる者！「35歳作家志望の編集者が彼の目線で質問しまとめていくのはどうでしょう」と再び提案をいただきました。

おやおや？ 35歳ということは、私がヴォーカリスト道を歩んできた年数と同じだけ人生を過ごしてきたということ。

さすが!! プロの編集者は口説き方もお上手です。

自分では毎年ライブをやり、歌い続り「瞬間」「瞬間」を生き続けてきたけれど、ふと思えば長い年月。

この35年間に出会えていない人、曲をご存じない方もたくさんいるはず。

その「瞬間」の積み重ねである35年の今、35歳作家志望編集者と私の人生を同期させてみたら新しいビートが生まれてくるかも？と思えてきたのです。

いざお話ししてみたら、とてもおさまりきらないほどの瞬間が溢れ出しました。
そう、物語はこれからも続いていきます。
初めて、そしてこれから出会う方へ。そしてずっと音楽を愛してくださる方々へのごあいさつ状として受けとっていただけたら幸いです。

またこの書籍出版にあたりご尽力いただいた皆様、
ありがとうございました。
感謝をこめて　Ｂｉｇ　Ｋｉｓｓ！

渡辺美里

渡辺 美里　*Misato Watanabe*

1985年デビュー。翌年『My Revolution』がチャート1位となり、同年8月、女性ソロシンガーとして日本初となるスタジアム公演を西武スタジアムにて成功させる。以降20年連続公演という前人未到の記録を達成し、渡辺美里の活動の中でも代名詞的な存在となる。2005年に西武スタジアムに終止符を打つと翌年からは、毎年「美里祭り」と題し、さまざまな都市でライブを開催。渡辺美里の活動は音楽だけにとどまらず、ラジオのパーソナリティー、ナレーション、2012年、2014年はミュージカル「アリス・イン・ワンダーランド」で不思議の国を支配する「ハートの女王」を演じるなど、さまざまな分野にチャレンジし続けている。デビュー30周年を迎えた2015年は、47都道府県で「美里祭り」を開催。2016年1月、30周年の集大成と31年目のスタートとして、横浜アリーナでの公演を大成功させ、春からはオーケストラとのコラボレーションによるコンサートを全国で行う。2017年、2018年は精力的に全国コンサートツアーを開催し、各種イベントにも多数出演。2019年、4年ぶりとなる「美里祭り」を日比谷野外大音楽堂で開催後、デビュー35周年を記念し2019年~2020年の2年にわたって全国コンサートツアーを行っている。

ココロ銀河 ~革命の星座~

著　者　渡辺 美里
発行者　三宮 博信

2020年4月30日　第1刷発行

装　丁　石川 絢士（the GARDEN）
D T P　石川 早希／落合 健人（sunrise garden）
写　真　大川 直人、小黒冴夏（朝日新聞出版 写真部、ポスター撮影）、
　　　　張 溢文・高野 楓菜（朝日新聞出版 写真部、パンフレット撮影）
監　修　関野 一美（ララ マハロ）
協　力　WILL.INC
構　成　山田 宗太朗

発行所　朝日新聞出版
　　　　〒104-8011 東京都中央区築地5-3-2
電　話　03-5541-8832（編集）
　　　　03-5540-7793（販売）
印刷所　図書印刷株式会社

Published in Japan by Asahi Shimbun Publications Inc.
ISBN 978-4-02-251679-4

日本音楽著作権協会（出）許諾第2003031-001